D1089760

Nous remercions le Conseil des Arts du Canada,
le ministère du Patrimoine canadien et la SODEC
de l'aide accordée à notre programme de publication.

Le Conseil des Arts | The Canada Council
du Canada | for the arts
depuis 1957 | since 1957

Patrimoine   Canadian
canadien   Heritage

Illustration de la couverture :
Luc Archambault
« Noir passage », N° 00.083
Site et forum : http://www.luc-archambault.qc.ca

Édition électronique :
Infographie DN

DANGER

LE
PHOTOCOPILLAGE
TUE LE LIVRE

Dépôt légal : 4e trimestre 2000
Bibliothèque nationale du Canada
Bibliothèque nationale du Québec

123456789 AGMV 0543210

Le noir passage

**DU MÊME AUTEUR
AUX ÉDITIONS PIERRE TISSEYRE**

Collection Conquêtes

Les citadelles du vertige, roman, 1998
(Prix du livre M. Christie 1999).

*L'auteur a bénéficié, pour l'écriture de ce livre,
d'une bourse d'aide à la création
du Conseil des Arts du Canada.*

Données de catalogage avant publication (Canada)

Schembré, Jean-Michel

    Le noir passage

    (Collection Conquêtes ; 83)

    Pour les jeunes de 12 ans et plus.

    ISBN 2-89051-777-2

    I. Titre. II. Collection.

PS8587.C434N64 2000   jC843'.54   C00-941826-1
PS9587.C434N64 2000
PZ23.S33Ni 2000

Jean-Michel Schembré

Le noir passage

roman

**ÉDITIONS
PIERRE TISSEYRE**

5757, rue Cypihot, Saint-Laurent (Québec) H4S 1R3
Téléphone: (514) 334-2690 – Télécopieur: (514) 334-8395
Courriel: ed.tisseyre@erpi.com

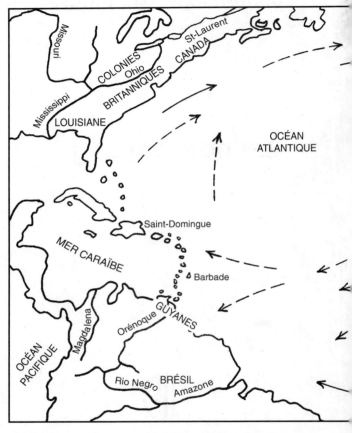

L'Atlantique et les contrées du commerce négrier

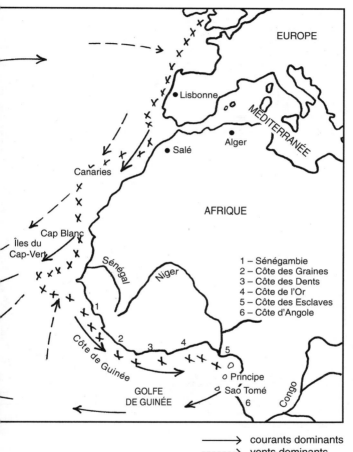

EUROPE

Lisbonne

MÉDITERRANÉE

Salé

Alger

Canaries

AFRIQUE

Cap Blanc

Îles du
Cap-Vert

Sénégal

Niger

1 – Sénégambie
2 – Côte des Graines
3 – Côte des Dents
4 – Côte de l'Or
5 – Côte des Esclaves
6 – Côte d'Angole

Côte de Guinée

1

2

3

4

5

Principe

Saó Tomé

6

Congo

GOLFE
DE GUINÉE

⟶ courants dominants
------➤ vents dominants
×××××× route du *Pride*

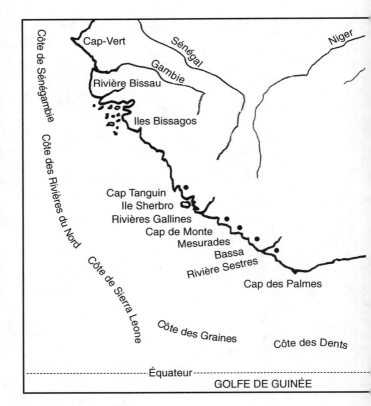

Côtes occidentales d'Afrique

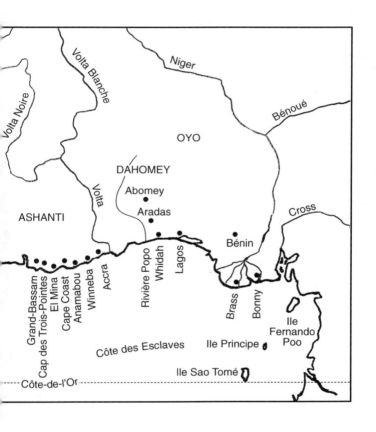

PREMIÈRE PARTIE

1

UNE JOURNÉE
COMME LES AUTRES

Bristol, le 20 février 1739

La vaste Queen's Place est envahie par une foule curieuse qui s'entasse autour de l'échafaud flambant neuf surmonté de son gibet. C'est une belle et solide structure de bois blanc qui fleure encore la sciure et le vernis frais. Entièrement et rapidement démontable, on doit sa construction à l'atelier de Tom Butler, le meilleur charpentier de Bristol. Elle a été conçue d'après les plans ingénieux d'un confrère de notre bourreau, un exécuteur du pays de Rouergue, en France.

Tom est aussi un lointain cousin de notre nouvel évêque. C'est ce qui a valu au bourreau, entièrement vêtu de rouge pour son office, la faveur insigne de voir son magnifique instrument de travail béni par Mgr Joseph Butler lui-même. L'événement a attiré tout ce que Bristol compte de nobles et de bourgeois gantés et enrubannés. Mais aussi la masse des petites gens sans panache, écrasée par le travail ou la pauvreté, comme moi, et qui profite de chaque exécution pour décharger sa hargne sur le condamné. Tous se pressent les uns contre les autres jusqu'à s'empêcher de respirer.

Aujourd'hui, on nous réserve le supplice d'un voleur à la tire pris en flagrant délit. Le malheureux avait mal choisi son dernier « client » : le petit-fils du célèbre Edward Colston, citoyen révéré par tout Bristol, qui avait tant fait pour sa ville. Le crime de rapine se trouve donc doublé de l'équivalent d'une lèse-majesté, tout au moins dans l'esprit des grands bourgeois de la ville.

Les cérémonies d'inauguration sont terminées. La solennité du moment a laissé un silence respectueux dans la foule. Mais un grincement de roues attire bientôt l'attention du côté de Marsh Street. C'est la charrette du condamné qui débouche dans le square. Les murmures que provoque son arrivée se changent soudain en clameurs quand la silhouette du condamné s'y profile. Il y a de la fébrilité dans l'air froid de cette fin d'hiver. Comme tous ceux qui m'entourent, je suis très excité.

C'est maintenant le délire, car «Jemmy*» Jack, répondant à ce qu'il prend pour des acclamations, se lève dans la charrette et fait des révérences, le sourire aux lèvres. Le grand homme maigre, qui essaie tant bien que mal de garder son équilibre dans le véhicule, semble ravi de sa soudaine célébrité. Arrivé à proximité de l'échafaud, il saute au bas de son «carrosse» et monte en quelques bonds les six marches de la plate-forme.

Prenant place à côté du bourreau, l'insouciant salue de plus belle, se courbant bien qu'il ait les mains liées dans le dos. L'homme rouge, tout heureux de l'aubaine, profite de l'inconscience du prisonnier pour divertir l'assistance. Entrant dans le jeu, le bourreau s'incline devant son «invité» et le convie de la main à s'avancer sur le panneau à bascule. Tous, nous jubilons et frappons dans nos mains à la vue de cette saynète.

«Jemmy» Jack obéit complaisamment, arborant maintenant un air plein de dignité. L'homme rouge passe le nœud coulant autour de son cou et l'ajuste. Le silence tombe comme un filet sur le square. Alors, le roulement étouffé d'un tambour se déclenche. Du même coup, toute espièglerie a disparu des traits de Jack; il devient livide et ses yeux s'agrandissent. Cependant, le bourreau, lui, continue ses joyeusetés. Esquissant quelques pas de menuet, le petit homme sec et nerveux rejoint la manette commandant le panneau et la rabat d'un geste gracieux, à l'instant même où le tambour s'arrête.

Un grand «CRAC!» déchire l'air: c'est le bruit de l'épine dorsale de Jack qui vient de se rompre. Il est suivi du long «oh!» que pousse la foule impressionnée. Puis l'homme rouge, poursuivant ses facéties, vient se placer devant le pendu et retire son chapeau. Faisant craquer le bois neuf sous lui, il nous gratifie d'une dernière mais profonde révérence. C'est une explosion de joie dans le square. La tension s'évanouit dans un immense rire, bientôt noyé par des applaudissements nourris.

Les spectateurs surexcités se bousculent. Curieux, je tente de m'approcher davantage pour vérifier si le pendu s'est vidé en mourant. Mais non! Il semble que les sphincters ne se relâchent qu'à la fin d'une lente agonie par strangulation ; ici, la mort a été instantanée. Cependant, un gros bourgeois cramoisi d'exaspération se fraie un chemin pour sortir de la mêlée. Perdant l'équilibre dans la bousculade, je me raccroche à lui et déchire la manche de sa veste de velours dans ma chute ; mon élan à peine freiné, je piétine de tout mon poids son magnifique brodequin verni, brisant du même coup la boucle qui l'ornait.

Furieux, l'homme m'attrape par les cheveux en hurlant :

« À moi ! Au vol ! On m'assassine ! »

Je me débats pour me libérer, mais la grosse main resserre son étreinte sur ma crinière. La foule s'écarte et des sergents se présentent. Je suis transi de peur. Toujours aussi excité, le gros homme bêle de sa voix aiguë :

« Ce gueux s'est jeté sur moi ! Il tentait de me dérober ma bourse ! Regardez ce qu'il m'a fait ! »

Un sergent s'avance vers moi, l'air sévère :

«Alors, fripouille. Le spectacle d'aujour-d'hui ne t'a pas servi de leçon. Tu veux y passer à ton tour ?

— C'était un accident ! dis-je précipi-tamment. Laissez-moi partir, je n'ai rien fait de mal.

— Ah, le bandit ! L'hypocrite ! s'écrie le gros bourgeois. Pris sur le fait de son crime, comme "Jemmy" Jack, et il ose nier l'évi-dence ! Au gibet, le larron !

— Au gibet ! répètent en criant les gens qui nous entourent. »

Leur violence semble exacerbée par le spectacle de la récente exécution.

« C'est Robin, un des fils de la veuve Rowley. Un vilain chapardeur, je le recon-nais ! ajoute, à mon grand désespoir, un témoin proche qui, ainsi, révèle à tous mon identité.

— Au gibet, le larron ! »

La phrase est reprise de loin en loin avec férocité. La rumeur s'enfle. La foule har-gneuse réclame ma mort ; à moi qui, pour une rare fois, n'ai commis aucun délit.

Dans un effort brusque et violent, qui surprend tout le monde de la part d'un gringalet comme moi, je réussis à me dé-gager en laissant une grosse poignée de cheveux roux dans la main de mon infâme accusateur. Je me précipite, profitant de l'étonnement général, pour mettre de la distance entre moi et les sergents qui se lancent à mes trousses. Je me jette tête baissée dans Queen Charlotte Street, renversant quelques étals au travers desquels s'empêtrent mes poursuivants.

Je m'engouffre ensuite dans King Street. À peine engagé dans cette rue, je m'enfonce sous le premier porche et m'accote à la porte pour me cacher. J'entends les cris des sergents qui approchent du coin de la rue. Mais, au moment où ils vont déboucher, et peut-être m'apercevoir, la porte cède derrière moi et je tombe cul par-dessus tête à l'intérieur. Une face rougie par l'abus de vin se penche sur moi, l'air interrogateur. Encore sur le dos, mais l'esprit alerte, je referme brutalement la porte en la repoussant de mes pieds.

«Quel empressement! Voilà un miston bien assoiffé, George! Sers-lui donc une pinte sur mon compte», lance l'homme au visage couperosé avant de rouvrir la porte et de sortir.

Je me lève, me retourne au milieu des rires de clients attablés. Je suis au Llandoger Trow! Une taverne de marins où se retrouvent volontiers corsaires et forbans, dit-on. Pour donner le change, je me bidonne de concert avec l'assemblée. J'espère ainsi retarder le moment où l'on me mettra à la porte.

Mais le patron m'invite à m'approcher du comptoir où il dépose une chope couverte de mousse. «Par ici, mon bon maître! dit-il en riant, les désirs de M. Selkirk sont des ordres.»

Gardant mon humeur joyeuse pour éloigner tout soupçon, je me rends à l'invitation du tenancier et traverse la salle d'un pas assuré, comme si j'étais un habitué. Je me saisis de la chope et avale une grande lampée de bière rousse, non sans avoir au préalable porté à haute voix un toast à la santé de M. Selkirk.

«Al Selkirk? m'écrié-je subitement en prenant conscience du nom.

— En chair et en vin, confirme George. Celui-là même qui a servi de modèle au *Robinson Crusoé* de M. De Foe*. Et tu peux te compter chanceux, jeune homme, car le vieux Al n'offre pas souvent le pot. Mais je ne pourrai pas te garder ici bien longtemps, une taverne n'est pas un lieu pour un gamin. Et puis d'abord, que fais-tu ici?»

Embêté par la question, je cherche un motif plausible. Je me détourne un instant vers la porte. Des clients entrent et sortent depuis mon arrivée, des marins affairés sur le point de partir au loin. Soudain, un éclair illumine ma pensée : un vieux rêve qui, contre toute attente, pourrait se réaliser et, ce faisant, me tirer de ma situation devenue précaire. Maintenant que je suis recherché, je risque la potence, alors… pourquoi pas ? C'est le moment ou jamais !

« Eh bien, je cherche du travail sur un bateau en partance, dis-je, l'air dégagé, et je me suis dit que le Llandoger Trow était l'endroit par excellence où rencontrer les meilleurs marins de Bristol. »

La flatterie est un outil efficace ; le bon George, tout heureux du compliment, s'empresse d'appeler un gros homme sympathique assis à une table près du comptoir.

« Abe ! viens par ici. Ne vous manque-t-il pas un mousse sur le *Pride* ? Voilà un jeune homme dégourdi qui se cherche une place. »

Puis, s'adressant à moi, George ajoute :

« C'est Abe Collin, le premier maître d'équipage du *Pride of Bristol*, un excellent navire qui fait la traite des nègres entre la côte de Guinée et les Indes occidentales*.

— Et toi, mon garçon, quel est ton nom ? me demande Collin, affable.

— Robin Rrr… Ruben ! dis-je, de peur de révéler ma véritable identité.

— Ruben, hein…, répète le gros homme, un brin dubitatif. Quel nom étrange… Tu ne dois pas être du pays.

21

— Non, ma famille est venue du fin fond du pays de Galles, mais il y a longtemps déjà, répliqué-je, inspiré.

— Du pays de Galles, hein…, reprend le maître d'équipage, toujours sur le même ton. Eh bien, je ne crois pas qu'il y ait de place pour toi sur le *Pride*, jeune coquin ! Le capitaine Redgrave ne tolère pas les voleurs et les menteurs à son bord. Ces matelots qui viennent d'entrer t'ont reconnu et m'ont raconté tes frasques de ce matin. Ton vrai nom est Rowley et la police te recherche ! »

Calmant l'homme en colère, je m'explique longuement, répétant chaque détail de mon aventure du matin. Mes talents de conteur me sont précieux. La larme à l'œil, j'assaisonne çà et là mon récit d'éléments dramatiques sortis tout droit de mon imagination, question d'ajouter à mon personnage de victime. Je finis d'apitoyer Abe, et toute la compagnie maintenant suspendue à mes lèvres, en évoquant le dénuement qui frappe ma famille depuis la mort de mon père ; misère on ne peut plus réelle, celle-là.

C'est alors que, dans un retournement du meilleur effet, je prends tout à coup un air résolu. D'une voix ferme, je revendique le droit à une chance de m'en sortir :

« Cette chance, n'aurez-vous pas la bonté de me la donner, Monsieur Collin, pour qu'enfin je puisse mener dignement et honnêtement ma vie ; pour qu'un jour je puisse proclamer fièrement mon appartenance à cette confrérie des vaillants marins de Bristol, à cette race héroïque qui découvrit le Nouveau Monde avant même que Christophe Colomb fût né ? »

Les acclamations fusent dans la taverne, l'assemblée est gagnée à ma cause.

« Allons, allons, me répond Abe, un peu radouci. Ne me crois pas dupe de tout ce fatras. Je t'ai dit ce que nous pensions des menteurs. Alors, garde ton éloquence pour les veillées du gaillard d'avant !

— Vous voulez dire que vous me prenez à votre bord ?

— C'est ce que je dis, poursuit le maître d'équipage. Je crois que tu mérites tout de même une chance. Mais sache que je t'aurai à l'œil. Le capitaine Redgrave est sans douceur pour les bons à rien. Son équipage est le même depuis nombre d'années, ce qui est rare sur un négrier, et ce n'est pas par hasard. C'est le meilleur de Bristol ! Le capitaine paie bien. C'est un homme juste et prudent qui connaît son métier comme pas un. Ses hommes le repaient par leur ardeur au travail, leur fidélité et leur courage.

— Je ferai tout pour me montrer digne de votre confiance et de celle du capitaine,

Monsieur Collin », dis-je avec une gravité qui, pour une fois, n'est pas feinte.

Je suis impressionné par ce gros marin à l'air bonhomme. Loin d'être naïf, il semble avoir une longue expérience des travers humains. Pourtant, cela ne l'empêche pas de montrer de la générosité.

Satisfait de mon changement d'attitude, il s'adresse au tenancier : « Bon ! George, arrangeons son embarquement à présent, puisqu'il doit rester secret… »

Je passe le reste de la journée dans l'arrière-boutique du Llandoger Trow, sous la protection de l'esprit de John Cabot, le plus célèbre navigateur et explorateur de Bristol. Un mauvais portrait à l'huile du grand homme orne un mur de la pièce où j'attends l'heure convenue pour me rendre sur le *Pride*. Certains prétendent que son nom véritable était Giovanni Caboto et qu'il était originaire d'Italie. Je préfère ne pas y croire.

La cuisinière de George a eu le malheur de me demander si j'avais faim ou soif. Depuis, elle ne cesse de remplir mon écuelle au fur et à mesure que je la vide. Les yeux de

Cabot semblent vouloir sortir du tableau. Il n'en revient sans doute pas de voir un petit homme comme moi engouffrer une aussi grande quantité de nourriture.

Dehors, on vient de crier qu'«Il est minuit!» et que «Tout va bien!»... selon l'homme du guet. C'est le moment convenu. Je ramasse quelques hardes que George m'a abandonnées et les enroule dans un branle* de même provenance. Sur le seuil de la taverne, je remercie et salue mon hôte, puis je m'enfonce dans l'obscurité. Frôlant les murs, je me dirige vers le port.

Les quais sont silencieux. La silhouette du *Pride* se dessine sur le ciel assombri, avec ses mâts et toutes ses vergues dehors[1]. Immense squelette dans la nuit, c'est le spectre de mon destin.

---

1. Pour un aperçu du gréement : mâts, vergues, voiles et filins, voir la figure 1 à la page suivante.

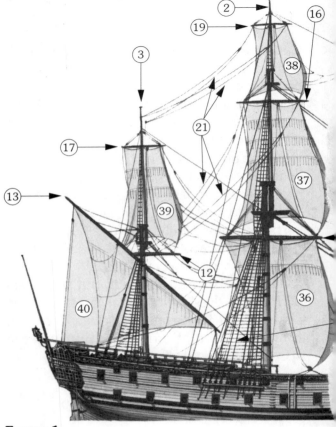

FIGURE 1 :

TROIS-MÂTS CARRÉ DU XVIIIe SIÈCLE.

GRÉEMENT

Espars :

1 - Mât de misaine	13 - Espar d'artimon
2 - Grand mât	14 - Vergue de civadière
3 - Mât d'artimon	15 - Vergue de petit hunier
4 - Mât de beaupré	16 - Vergue de grand hunier
10 - Vergue de misaine	17 - Vergue de hunier d'artimon
11 - Grande vergue	18 - Vergue de petit perroquet
12 - Vergue d'artimon	19 - Vergue de grand perroquet

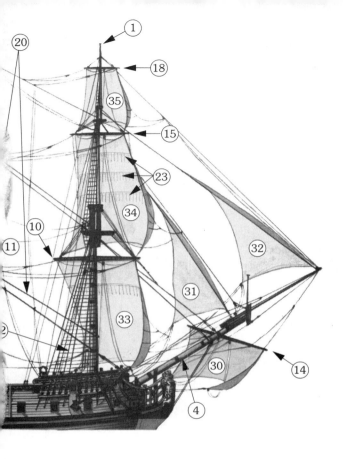

Manœuvres :
20 - Étais
21 - Bras

22 - Haubans
23 - Rabans

Voiles :
30 - Civadière
31 - Trinquette
32 - Foc
33 - Misaine
34 - Petit hunier
35 - Petit perroquet

36 - Grand'voile
37 - Grand hunier
38 - Grand perroquet
39 - Hunier d'artimon
40 - Voile d'artimon (latine)

2

LE VENT
DE LA LIBERTÉ

Le 21 février

L'animation est à son comble sur le port. De tous côtés on court, on crie. Les aussières sont larguées. Sitôt décrochés des bittes*, ces cordages retombent en claquant sur la muraille du navire. On les hisse à bord et les enroule en spirales dans de grosses bailles*. Sur le pont et dans la mâture, les marins secouent leur serre-tête en signe d'adieu. Ils affichent la plus grande assurance et leur plus beau sourire, même s'ils savent que la séparation va durer des mois, peut-être plus d'un an.

Sur le quai se pressent, pêle-mêle, badauds et proches des membres de l'équipage. Les recommandations se multiplient :

« Prends soin de toi, John ! Ne nous oublie pas, Will !... »

De partout fusent les « Bon voyage ! », les « Dieu vous garde ! » et les « Dieu vous bénisse ! » Les enfants agitent leur main, les yeux brillants d'excitation. Les mères et les épouses usent profusément de leur mouchoir, tantôt le brandissant en signe d'au revoir, tantôt en essuyant leurs larmes.

Bien sûr, aucun de ces souhaits ne m'est adressé ; aucun visage maternel ne se tourne vers moi pour me gratifier d'un sourire ou d'un encouragement. D'ailleurs, je me fais discret, de crainte que quelqu'un se mêle de me reconnaître à la dernière minute. J'ai maintenant un regret : je n'ai pas vraiment choisi ma situation. Que vais-je devenir sur les mers lointaines ? Pour tous, Robin Rowley aura disparu. Oh, et puis après tout, je n'en ai que faire, il ne peut rien m'arriver de pire qu'en restant ici ! Les premiers mouvements du bateau me procurent d'abord un brin d'angoisse, mais, tout de suite, celle-ci se transforme en la plus grande excitation que j'ai jamais ressentie.

Deux grosses chaloupes nous remorquent jusqu'à l'Avon, à la sortie du port. Sur le pont, tout le monde se rend à son poste d'un mouvement rapide et ordonné. On dirait une danse avec crieur, car les lieutenants et les maîtres d'équipage répètent en écho chacun des ordres que le capitaine donne au pilote, sur la dunette.

En quelques minutes, tout le monde est en position, depuis le mât de beaupré, tout au bout de la proue, jusqu'au mât d'artimon, sur la dunette. Les gabiers* grimpent lestement dans les haubans et se distribuent sur les marchepieds, prêts à défaire les rabans qui maintiennent les voiles carrées attachées à leur vergue.

Pour ma part, je fais équipe avec «Long» Simon Fraser, comme on l'appelle. Et pour cause, l'homme mesure près de sept pieds! C'est le chef des pontins* de ma bordée et c'est à lui que revient la tâche de mon apprentissage. Pour l'heure, nous nous tenons au mât d'artimon, devant la roue de gouvernail. Au pied du mât, il y a un râtelier auquel sont enroulées une quantité de manœuvres*.

Bientôt, nous entrons dans les eaux de l'Avon et commençons à dériver dans le courant. À ce moment, la voix du capitaine retentit dans son porte-voix comme le tonnerre :

« Ohé, des chaloupes ! Larguez les grelins ! »

Aussitôt, les gros filins qui servaient à nous remorquer sont lancés à l'eau et amenés de chaque côté du gaillard où on les rattache aux ancres. Mais le pilote à repris la parole et les ordres se précipitent, toujours répétés de l'arrière à l'avant :

« Hissez le foc et la trinquette ! Larguez la civadière ! Larguez le petit hunier ! Larguez le grand hunier ! »

Chaque fois, je me tourne, anxieux, vers Simon. Cependant, le géant n'a pas encore bronché.

« Larguez le hunier d'artimon !

— C'est à nous ! Prends cette drisse et laisse-la filer doucement », dit soudain Simon en me tendant un des filins qu'il vient de dérouler du râtelier.

Presque étouffé, moitié par la fierté, moitié par la peur de me tromper, je saisis le cordage des mains énormes de mon compagnon et j'imite chacun de ses gestes. Dès que les filins sont en bout de course, nous les tendons et les rattachons au râtelier. La voile carrée qui nous surplombe est déployée.

« Tribord amure, quatre quarts ! » crie le pilote. Simon me désigne deux filins, enroulés sur les chevilles d'autres râteliers. Ceux-là sont fixés aux pavois*, de chaque bord du navire. Il m'explique :

«Ces manœuvres servent à orienter la vergue du grand hunier. Elles sont fixées à ses deux bouts ; on les appelle des "bras". Si le vent vient par tribord, comme maintenant, on serre le bras à bâbord et on laisse filer à tribord pour que la vergue soit de travers au vent.

— Et la vergue de notre hunier d'artimon, qui s'en occupe ? demandé-je.

— Ceux du grand mât, qui nous rendent la politesse. Allez, tire ! Tire encore ! Encore ! Voilà !»

Les vergues des voiles carrées sont en position, orientées à mi-course entre la ligne bâbord-tribord et l'axe du navire. Nous attachons les bras du grand hunier.

«Maintenant, il faut établir et tendre les voiles. Pour cela, revenons à notre hunier d'artimon, me dit Simon. Nous ferons la même manœuvre avec ces filins qu'avec les bras du grand hunier, ajoute-t-il en me montrant un troisième et un quatrième cordages. Ils sont attachés aux coins inférieurs des voiles. La mienne est l'amure, elle est fixée au coin de la voile qui est le plus en avant. La tienne est l'écoute, elle retient le coin de la voile le plus en arrière, en ligne avec la vergue. Allez, tire…! »

Je l'écoute attentivement, car j'aurai à me souvenir de tout cela et de bien d'autres choses. Nous finissons d'attacher les filins.

« Voilà qui est bien ! Regarde comme la voile prend son vent, me dit le géant, la tête rejetée en arrière pour constater que tout est en ordre. Tu as compris ? Nous naviguons tribord amure ! »

Je lève la tête à mon tour. Au fur et à mesure de la manœuvre, toutes les voiles déployées se sont gonflées et les vergues qui les supportent ont pris la bonne orientation. On dirait des anges qui flottent en bon ordre dans le gréement. Je suis fier comme un paon.

« Tu es dégourdi, jeunot. Tu feras un bon marin !… Si tu veux apprendre. »

Simon me regarde avec un large sourire, les mains sur ses hanches.

« Oh oui, je veux ! Et toi, Simon, tu es un grand marin ! » ajouté-je en appuyant sur le mot « grand ».

Il fronce un moment les sourcils. Je me rends compte qu'il pense peut-être que je me moque de sa taille et je rougis, embarrassé. Mais il éclate d'un gros rire et me donne une tape amicale sur l'épaule. Je me mets à rire à mon tour, évacuant du même

coup ma gêne et la tension qui s'était accu-
mulée pendant les manœuvres.

Le *Pride of Bristol* est un navire magnifique. Même si sa fonction est celle du
commerce, il n'a rien à envier à bien des
bâtiments de guerre, construits pour la vitesse. C'est merveille de voir une si grosse
masse glisser sur les eaux noires de l'Avon
comme un oiseau dans l'air. Cinq voiles
seulement, et pas les plus grandes, sont
déployées sur les treize que compte le
navire, mais nous prenons quand même une
vitesse respectable par bonne brise de côté.
J'ai bien hâte de voir jusqu'où il peut aller,
toutes voiles dehors, par grand vent arrière!
C'est un navire de trois cents tonneaux:
un trois-mâts avec trois voiles carrées sur
chacun des deux premiers mâts, et une
grande voile latine, triangulaire, surmontée
d'un hunier carré sur le mât d'artimon.
Quatre autres voiles triangulaires peuvent
être déployées: les voiles d'étai de la grande
hune et du grand mât, ainsi qu'un foc et une
trinquette au-dessus du beaupré. Ce mât
pointe obliquement en avant de la proue,
il supporte aussi la civadière qui complète

la voilure. L'armement est impressionnant pour un navire de commerce. Il comprend quinze canons et quatre pierriers : une batterie de six canons sur chaque bord, un à l'avant et deux à l'arrière. Mais il paraît en avoir encore plus, car c'est l'usage de peindre de faux sabords sur les flancs d'un navire. On décourage ainsi certains pirates qui croient, de loin, avoir affaire à un vaisseau de guerre. Les petits canons, qu'on appelle pierriers, peuvent être transportés où ils sont les plus utiles, mais pour l'instant ils sont montés sur la dunette.

Sur le pont[2], le gaillard d'avant est composé de deux étages. La chambre du haut renferme l'infirmerie. Un des deux médecins y a sa cabane, ainsi que les deux maîtres d'équipage, le maître de chaloupe et le canonnier. La chambre du bas est réservée à la cuisine avec son plancher de briques, à la cambuse* et aux cabanes du reste des maîtres mariniers, soit le coq*, les deux charpentiers, le voilier, le tonnelier et le calfat*.

L'arrière est le domaine des officiers. On y trouve la dunette, à l'étage supérieur, avec sa «grande chambre» où loge le capitaine. Devant elle, toujours dans la dunette, il y a

---

2. Pour un aperçu de la coque et de l'accastillage, voir la figure 2 à la page 38.

l'armurerie, les cabanes du pilote, de l'autre médecin et des deux lieutenants en second. La partie de l'accastillage située à l'étage audessous s'appelle le gaillard d'arrière. La chambre y est plus vaste. On y trouve la sainte-barbe*, sous la chambre du capitaine ; la barre du gouvernail en sort et des sabords s'y ouvrent pour les canons arrière ; y est entassé tout le matériel du canonnier. Devant s'ajoutent la cuisine du capitaine, son magasin, avec la cabane du maître queux, et les quartiers où l'enseigne, le maître armurier et les novices crochent leurs branles.

C'est dans cette dernière chambre que loge aussi Luke Ligon, le subrécargue. C'est l'homme qui a été désigné par les armateurs pour assister le capitaine Redgrave. Situation qui le mécontente fort, car il est de coutume que ce contremaître soit le grand responsable de tout ce qui concerne les marchandises et la traite. Or, dans le cas présent, le capitaine Redgrave est associé à parts égales aux armateurs pour ce qui est de la cargaison et, en plus, il est propriétaire unique du bateau. Ce qui fait de lui le principal actionnaire de l'expédition et le seul maître à bord, autant pour la navigation que pour la traite. L'arrogant M. Ligon en est réduit à un rôle d'observateur «critique», lui qui aurait plutôt envie de commander...

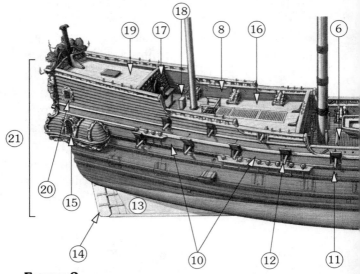

FIGURE 2 :
TROIS-MÂTS CARRÉ DU XVIIIᵉ SIÈCLE (VUE DE TRIBORD).

COQUE ET ACCASTILLAGE

1 - Proue
2 - Coltis (lavabos de l'équipage)
3 - Gaillard d'avant
4 - Écoutille à caillebotis
5 - Ratelier
6 - Pont

7 - Lisse
8 - Pavois
9 - Chaloupe
10 - Batterie
11 - Sabord
12 - Canon

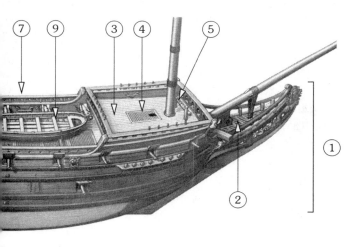

13 - Estambot
14 - Gouvernail
15 - Galerie de la dunette
    (lavabos des officiers)
16 - Gaillard d'arrière

17 - Barre à roue du gouvernail
18 - Compas
19 - Dunette
20 - Grande chambre
21 - Poupe

Quant à nous, matelots et mousses, une soixantaine au total, nous dormons sur le pont quand il fait beau. S'il pleut ou que le temps est trop frais, comme en ce moment, nous crochons nos branles où nous pouvons : à travers les ateliers des maîtres, sous le gaillard d'avant, au plafond des batteries qui forment galeries de chaque bord de l'entrepont, ou aux différents postes. Il y a toujours assez de place, car l'équipage est séparé en deux bordées.

Lors de l'appareillage, et en d'autres occasions comme le combat, tout le monde est à son poste. Mais en temps normal, les deux bordées se partagent six quarts de quatre heures tout au long de la journée. Cependant, le quart de soir, entre quatre et huit heures, est séparé en deux « petits quarts » de deux heures, ce qui permet à chaque bordée d'être en poste à des heures différentes alternant d'un jour à l'autre. En outre, quoi qu'il arrive, pendant le premier quart de jour, entre huit heures et midi, tout le monde est sur le pont pour le nettoyage et l'entretien. Cela nous fait quatorze heures en poste ou au travail par jour !

Voilà un bon moment que nous sommes sortis des profondes gorges de l'Avon. Sur notre droite – je veux dire par tribord – se dessine la silhouette du château de Kingweston ; nous sommes donc à mi-chemin des onze milles qui séparent Bristol de l'embouchure de l'Avon.

D'ici là, nous avons droit a un répit, car la rivière descend droit vers le nord ; les voiles restent donc dans la même orientation. Les matelots sont presque tous aux pavois. Les avant-bras appuyés sur la lisse, les yeux dans le vague, ils regardent s'éloigner leur pays. Ils ont vécu cette scène dix, vingt fois, et la plupart rêvent du jour où leur pécule leur permettra de finir leur vie à terre, avec leur famille. Celui-là se voit dans une fermette entre Clevedon et Portishead ; celui-ci lorgne sur un petit troupeau, à Cheddar ; cet autre s'imagine propriétaire d'un commerce à Bath ou à Dundery.

Moi, mon rêve est devant, droit devant. Je vaincrai tous les périls, ceux des côtes de Guinée comme ceux du Nouveau Monde. Je m'endurcirai au vent de la tempête et au feu de la bataille. Je deviendrai capitaine, corsaire peut-être, le meilleur qui soit. J'aurai mon propre navire et j'explorerai la grande mer Pacifique, de l'autre côté du monde. Les navigateurs de tous les pays trembleront en voyant mon pavillon. Un jour, je reviendrai chez moi, couvert d'or et de gloire. Et ce jour-là, j'écraserai les pieds de tous les bourgeois pédants... qui m'en remercieront en retirant leur chapeau !

3

CAP AU SUD

Le *Pride* file maintenant vent arrière dans le canal de Bristol. Avant la fin du jour, nous débouquons*. Le courant côtier n'est pas favorable, aussi nous poussons vers le large, laissant Land's End derrière nous, puis nous mettons cap au sud. Pour le moment nous naviguons tribord amure, car le vent vient du large. Bientôt, nous profiterons des alizés du nord-est et ces vents dominants nous pousseront de façon régulière jusqu'aux îles du Cap-Vert.

Nous soupons dans l'entrepont, à dix-neuf heures, une heure avant le début du premier quart de nuit. Car nous avons dès à présent formé les deux bordées. On nous a séparés de la façon suivante : tous ceux dont le poste d'urgence est à bâbord sont les bâbordais, les autres, évidemment, sont les tribordais. Pour ma part, je fais partie du premier groupe. Aujourd'hui, nous serons au travail jusqu'à minuit ; au repos pendant le deuxième quart de nuit ; puis de nouveau en service à partir de quatre heures demain matin. Pour ce qui est des officiers et maîtres, seuls les lieutenants et les maîtres d'équipage sont soumis au changement de quarts ; les autres tiennent leur poste pendant la journée[3].

Notre repas se compose d'une soupe faite de légumes frais, d'une tranche de jambon et de ces galettes de pain que l'on appelle « biscuits de marin ». La soute aux vivres est pleine des denrées les plus diverses : bœuf salé d'Irlande ; jambons, lard, sardines et morues, salés ou fumés ; biscuits et riz de Hollande en quantité ; œufs et fromage ; farine, haricots, fruits et légumes secs ; des épices aussi, telles que la girofle, la

---

3. Pour un aperçu de l'équipage et des bordées, voir le tableau 1, page 46 ; quant au tableau des quarts, voir page 48.

muscade, la cardamome, la cannelle et le poivre. Au départ du voyage, il y a également des fruits, des légumes frais et du bestiau sur pattes : surtout de la volaille et quelques porcs, faciles à nourrir. Mais, mis à part le porc, la viande fraîche est réservée à ceux de l'arrière et, en particulier, à la table du capitaine.

Après le souper nous montons sur le pont. Un autre mousse, le petit Stephen Fletcher, demande s'il peut entendre la prière du soir, comme c'est la coutume sur les navires.

« Bien sûr, répond en souriant Grinling Nash, un pontin de ma bordée. Et elle est récitée par le meilleur aumônier qui puisse avoir soin des âmes d'une bande de pauvres mécréants tels que nous !

— Je cours le chercher, ajoute le gabier Harry Nash, cousin du précédent. Recueillez-vous tous en l'attendant. »

Nous nous rassemblons sous le gaillard d'arrière. Harry, devant la porte de la grande chambre, appelle notre lieutenant, Christopher Talman :

TABLEAU 1 : ÉQUIPAGE, BORDÉES

80 MEMBRES D'ÉQUIPAGE :
9 OFFICIERS ET **11** MAÎTRES ; **44** MATELOTS ;
6 NOVICES, **10** MOUSSES

Capitaine :   **William Redgrave**

Officiers

Pilote :	**Brennus Colston**
Enseigne :	**Francis Dampier**
Lieutenants :	(1er) **Christopher Talman**
	(2e) **Clarence Hauduroy** (père de Patrick)
Médecin :	**Joao Gil** (Portugais ; responsable des officiers et achat des nègres)
Chirurgien :	**Sebastian Trenchard** (responsable de l'équipage et des nègres)
Maître queux (commis.) :	**George Wafer**
Subrécargue :	**Luke « The Duke » Ligon**

Maîtres

2 Maîtres d'équipage :	(1er) **Abraham « Abe » Collin** et
	(2e) **Gideon Wesley**
Maître armurier :	**Walter Cotswold** (oncle de Nathan)
2 Maîtres charpentiers :	**Jacob Stanford** et **Oliver Jones**
Maître de chaloupe :	**Solomon Cabot**
Maître canonnier :	**Alexander Lewin**
Maître voilier :	**Matthew Chatterton**
Maître tonnelier :	**Gordon Wells**
Maître calfat :	**Edmund Lawrence**
Coq (cuisinier) :	**Stewart « Stew » Oatley**

BÂBORDAIS	TRIBORDAIS
1er lieutenant : **Christopher Talman** 1er maître d'équipage : **Abe Collin**	2e lieutenant : **Clarence Hauduroy** 2e maître d'équipage : **Gideon Wesley**

Pont	**Pont**
homme de roue : **Daniel Gibbons** pontin : **«Long» Simon Fraser** pontin : **John Davis** pontin : **Nathan Cotswold** (neveu de Walter) pontin : **Enoch Maudlin** pontin : **Grinling Nash** (cousin de Harry) pontin : **Will Pinney** (père de Chuck) pontin : **Adam Welsh** novice : **David Baldwin** mousse : **Robin Rowley** mousse : **Jimmy Bond** mousse : **Tim Perry** (jumeau de Tom)	homme de roue : **Jonas Higgins** pontin : **Rufus Nelson** (frère de Rupert) pontin : **Iwan Thomas** pontin : **George** pontin : **Patrick** pontin : **Edmund** pontin : **James** pontin : **«Big» John** novice : **Brent** mousse : **Peter** mousse : **Paul** mousse : **Martin Canynges**

Gréement	**Gréement**
gabier : **Eleazar «Flying Eli» Burke** gabier : **Ben Hogarth** gabier : **Phil Hawkins** gabier : **Bob Walsh** gabier : **Josh Morgan** (frère de Bob) gabier : **Harry Nash** (cousin de Grinling) gabier : **Peter Penn** gabier : **Bob Morgan** (frère de Josh) gabier : **Chuck Pinney** (fils de Will) gabier : **Joe Parkins** gabier : **Bill Ballantine** gabier : **Mike Bradley** gabier : **Dick Nickson** gabier : **«Spitting» Mark Henton** novice : **Patrick Hauduroy** (fils de Clarence) novice : **Allan Parsons** mousse : **«Saint» Stephen Fletcher** mousse : **Tom Perry** (jumeau de Tim)	gabier : **Roger Palmer** gabier : **Henry Boswick** gabier : **Rupert Nelson** (frère de Rufus) gabier : **Edward** gabier : **Ned Price** gabier : **Kevin** gabier : **William** gabier : **Richard** gabier : **Michael** gabier : **Matthew** gabier : **Walt** gabier : **Peter** gabier : **David** gabier : **James** novice : **Nicholas Newcastle** novice : **Simon Field** mousse : **Lewis Newton** mousse : **Mark Priestley**

TABLEAU 2 : LES QUARTS

Tableau des quarts		
HORAIRE	**LONG QUART DE JOUR**	**LONG QUART DE MATIN**
Quart de **matin** 4 h à 8 h	**R** 4 heures	4 heures **T**
1er quart de **jour** 8 h à 12 h (midi)	TOUT LE MONDE SUR LE PONT Déjeuner : Équipage › à 8 h ; Nègres › à 9 h Matinée : Équipage › Nettoyage + Entretien Nègres › Travaux légers sur le pont	
2e quart de **jour** 12 h à 16 h	Dîner : Midi › Équipage **T** 4 heures	4 heures **R**
Quart de **soir** 16 h à 18 h	Souper : à 17 h › Nègres **R** 2 heures	2 heures **T**
18 h à 20 h	**T** 2 heures Souper : à 19 h › Équipage	2 heures **R**
1er quart de **nuit** 20 h à 0 h (minuit)	**T** 4 heures	4 heures **R**
2e quart de **nuit** 0 h à 4 h	**R** 4 heures (Changement de quart › Long quart de matin)	4 heures **T** (Changement de quart › Long quart de jour)

R = Repos ; **T** = Travail

48

«Ohé, Monsieur Talman! Un des nouveaux s'inquiète pour la prière. Le révérend est-il disponible?

— Mais bien sûr! Je vous l'amène de suite», répond une voix derrière les cloisons.

Harry redescend parmi nous et s'agenouille avec beaucoup de ferveur, la tête inclinée. Nous l'imitons.

La porte de la dunette s'ouvre bientôt. Je perçois une agitation chez certains de mes compagnons. Ils sont bien émus pour une simple prière! Ces marins sont plus dévots que je ne le croyais. La tête toujours baissée, j'entends bientôt la voix du lieutenant s'adressant à l'aumônier:

«Bon Frère Repeater, voici vos brebis pour ce voyage. Veillez à leur faire réciter chaque jour les prières du matin et du soir et à leur servir de support moral en tout temps. Et vous tous, les esprits libres, poursuit le lieutenant en s'adressant maintenant à nous, soyez toujours respectueux du frère Repeater ou votre postérieur pourrait bien tâter de la pointe de ma botte! Allez, recueillez-vous et demandez pardon à Dieu de vos fautes… que je devine innombrables.»

La prière du soir commence. Je n'ose lever la tête, quoique curieux de voir celle du bon frère. Car sa voix est épouvantable!

Bien sûr, un aumônier demande très cher pour s'embarquer aussi longtemps. En outre, la plupart de ceux qui le font ont plus de vices que les pires d'entre nous. Aussi doit-on se compter chanceux quand on en trouve un vertueux à bon prix.

Cependant, celui-là n'a pas dû coûter bien cher. Il hurle comme une furie au lieu de chanter. J'en ai des frissons par tout le corps. Je comprends maintenant un peu mieux l'agitation de tout à l'heure. La plupart de mes compagnons connaissaient le frère Repeater et ils appréhendaient son interprétation du psaume. L'horrible crécelle retentit dans tout le bateau :

« ... Sachez que le Seigneur a choisi comme élu quelqu'un d'admirable. Il m'entendra lorsque je l'invoquerai... »

Je n'en doute pas une seconde, me dis-je en moi-même. Personne ne resterait sourd à un pareil vacarme. Les strophes du psaume râpent comme des briques sur les bordages d'un navire. Les sons aigus et nasillards nous tombent dessus tels des grêlons. L'agitation est à son comble dans les rangs. Certains se donnent des coups de coude dans les flancs et semblent s'étouffer... Mais... mais ils s'esclaffent ! Si le lieutenant les y prend, ils auront droit au fouet.

Moi-même, je fais maintenant bien des efforts pour conserver un brin de dignité ! Mais la prière se termine enfin :

« … Parce que la sécurité de mon repos
Vient de vous seul, Seigneur.
Et un p'tit coup d'rhum par-dessus ?
Ça fait du bien par où ça passe ! »

Je reste bouche bée, tandis qu'un grand éclat de rire suit les paroles blasphématoires !

Mais la folie se poursuit. Le prêtre ajoute la grossièreté au sacrilège ! On se croirait revenus au Llandoger Trow :

« Par ici, Mesdemoiselles, prenez un
siège ! »

Au milieu de l'hilarité générale, le frère fait suivre son invitation d'un long sifflement obscène. Je n'en reviens pas. N'y tenant plus, je lève la tête pour voir à qui nous avons affaire et je suis stupéfait par le spectacle qui s'offre à moi. L'aspect de notre aumônier ne cède en rien à sa bizarre éloquence.

En fait le bon frère Repeater n'est autre qu'un oiseau. Un gros perroquet gris d'Afrique avec de longues plumes rouge vif piquées au croupion. Commodément perché sur la balustre de la dunette, il poursuit son allocution en nous regardant de côté. Il se dandine d'une patte sur l'autre comme pour une gigue, gonfle ses plumes, agite les ailes en cadence et mêle les sons les plus insolites à ses paroles. À part les quelques nouveaux, muets de stupeur comme moi, tout l'équipage, allongé sur le pont, se tord les boyaux en roulant de tous bords. Le lieutenant Talman, responsable de cette mascarade, s'en paie une bonne tranche à nos dépens, lui aussi.

Indigné, le petit Stephen s'est levé d'un bond et court se cacher dans la batterie d'où nous parviennent ses sanglots. Les autres nouveaux, moi y compris, trouvons la blague plutôt bonne et nous joignons nos rires au reste de la compagnie. Le partage de l'équipage est ainsi fait. Il se divise maintenant en deux. D'un côté, les dévots, avec en tête, et apparemment seul adhérent, Stephen Fletcher, «Saint» Stephen, comme on le surnommera dès lors. De l'autre côté, le reste de l'équipage, ou peu s'en faut, les mécréants, une bande de joyeux drilles pour qui une bonne farce vaut mille prières, avec un fervent néophyte en la personne de Robin Rowley, votre serviteur !

Voilà deux jours que nous naviguons sans problème. La brise est fraîche et régulière ; la dérive est faible, car il y a très peu de courant. Aussi le maintien de notre route nécessite peu de correctifs et la voilure, peu d'ajustements. Mais il ne faut pas croire que nous restions oisifs, rêveusement accoudés à la lisse. C'est une grave erreur des terriens que de penser qu'une fois en mer, les marins n'ont rien d'autre à faire que de regarder se vider le sablier qui marque les changements de quarts.

Toute la journée, nous trimons. Il faut gratter et rincer le pont à grande eau tous les matins ; examiner continuellement les manœuvres courantes qui raguent à force de frotter et les remplacer ou les réparer avec des fils neufs ou avec ceux que nous fabriquons nous-mêmes. À longueur de temps, on détord les vieux filins pour en tirer des fils de caret ; on les commet ensuite en bitords à l'aide d'un moulinet ; puis il faut les épisser, bout à bout, pour en faire de nouveaux filins de la longueur désirée.

Quant aux manœuvres dormantes, il faut les raidir dès qu'elles prennent du mou, ce qui arrive continuellement. Et quand on raidit d'un côté, il faut choquer de l'autre. Le maître charpentier, lui, inspecte la mâture, répare ici, renforce là. Le maître voilier, pour sa part, dirige un véritable atelier de couture avec les gabiers, ravaudant les déchirures, renforçant les ourlets des ralingues*.

Plusieurs luttent contre un ennemi commun : l'humidité. À elle seule, elle tient l'armurier et le canonnier occupés. Ils passent le plus clair de leur temps à nettoyer fusils, pierriers et canons que la rouille menace et à donner de l'air à la poudre pour qu'elle reste bien sèche.

«Stew*» Oatley, le coq, est lui aussi toujours en alerte. En plus de préparer la tambouille pour une soixantaine de goinfres, il visite la soute aux vivres où il fait une guerre incessante à la moisissure et aux rats qui s'en donnent à cœur joie. Il y est aidé par sept ou huit gros chats qui dorment peu, vu l'ampleur de leur tâche…

Mais il reste aussi à piquer la rouille des éléments en métal, telle la drosse, cette grosse chaîne qui transmet le mouvement de rotation de la roue à la barre de gouvernail. Il faut encore graisser les poulies des palans, d'autres pièces mobiles et, bien sûr, calfater la coque. Cela consiste à forcer, avec un ciseau et un marteau, de l'étoupe enrobée de goudron dans les coutures – les inter-

54

stices entre les bordages qui recouvrent la charpente. Le brai, ce goudron épais, vous reste collé aux mains, aux bras et au visage, sans que rien n'en vienne à bout.

«Saint» Stephen travaille à l'atelier de couture, sous l'autorité de son instructeur, Bill Ballantine, qui le traite sans aménité. Le pauvre gars n'en mène pas large, déjà tout déconfit qu'il est par la perspective de prier seul, dans son coin, pendant plusieurs mois. Peu pourvu en ce qui concerne la force de caractère, il endure mal les rebuffades du gabier qui s'acharne sur lui, le talochant pour un oui pour un non.

Aujourd'hui même, je suis tombé sur une scène de lutte à sens unique qui m'a un peu chatouillé les nerfs. Et la différence de gabarit entre le mousse et son instructeur rendait l'affrontement encore plus agaçant. Ballantine, sans être un géant, est bâti comme un taureau, tout en largeur et en épaisseur. Rougeaud et peu pourvu en cheveux, il est cependant couvert d'un poil brun roux sur tout le reste du corps. Avec ses longs bras et ses énormes paluches, on dirait un de ces grands singes malais que j'ai vus à une foire de Bristol. On les appelle des oranges... ou quelque chose comme ça. Pareil pour son expression, qui le rapproche davantage de la bête que de l'homme. La plupart du temps elle est à peu près inexistante, à moins qu'il ne se mette en colère. Car, à ces moments-là, ses yeux se mettent à brûler comme des braises et il souffle, et piétine, et bronche comme un animal impatient.

C'est bien le comportement qu'il montrait quand je suis passé près d'eux, ce matin. Mécontent du travail de «Saint» Stephen, il venait de le faire rouler à terre d'un coup de pied, tout en proférant des menaces de mort contre «le bon à rien qu'on lui avait affublé comme assistant», disait-il. Puis, continuant de fulminer contre le frêle gamin, il s'était mis à le frapper des pieds et des mains. Le mousse, roulé en boule comme un hérisson menacé, s'est bientôt retrouvé coincé contre le pavois, après avoir été repoussé comme un ballon par les coups répétés de la brute.

Comme tout le monde a l'air de trouver ça banal, j'ai hésité un peu avant de manifester mon indignation à Simon. Je ne voulais pas qu'on pense que je suis un mou… Mais celui-ci m'a expliqué qu'on n'y peut pas grand-chose :

«Chaque instructeur est responsable de son mousse, dit-il, et, jusqu'à preuve du contraire, on croit qu'il fait pour le mieux. Peut-être que «Saint» Stephen a l'esprit pesant.

— Tout de même, Ballantine me semble

bien zélé. Il va finir par amocher Stephen s'il continue à taper dessus comme ça. Le pauvre n'est pas bien gros !

— Bill n'est pas connu pour sa douceur, c'est vrai. Il prend plaisir à remettre les affronts qu'il a lui-même subis quand il apprenait le métier. Mais c'est un excellent gabier et je suis sûr que M. Collin l'a à l'œil. Ne t'en fais pas, Robin ! »

Puis, avec un sourire en coin, Simon ajoute : « Le sort de ce bigot de Stephen te tient-il tant à cœur ?

— Non ! Pas du tout ! C'est seulement que…

— Allons Robin, n'ais pas honte de ta compassion…

— Mais je n'ai pas honte ! Enfin, non, je veux dire… ce n'est pas de la compassion… ce n'est que de la curiosité ! »

« Long » Simon, qui ne croit pas à ma prétendue insensibilité, s'éloigne en rigolant.

Non, vraiment, pensé-je, le travail à bord n'est pas une sinécure. Quoique, pour ma part, je sois fort bien traité, je rends grâce chaque fois que mon corps endolori par l'effort s'effondre au fond d'un branle… même si cela ne dure que trois ou quatre heures. Cependant, à ce rythme, le temps s'écoule très vite à bord. D'autant que nous sommes maintenant sous les alizés. Nous passons déjà au large du cap Finisterre, à la pointe de l'Espagne. Nous nous arrêterons bientôt à Porto, en Portugal, où le capitaine Redgrave compte compléter la cargaison.

Nous ne relâchons que quelques heures à Porto pour embarquer du vin et des «rolles» de tabac de Brésil. Ce sont d'énormes rouleaux de feuilles brunes pressées ensemble. Les nègres de la côte de Guinée en raffolent ; cela en fait une excellente fourniture de traite courante, à bon marché. Mais le capitaine réserve un tabac de meilleure qualité à ses fournisseurs les plus importants. Il vient du Maryland, une des colonies britanniques du Nouveau Monde, et nous l'avons embarqué à Bristol.

Par ailleurs, notre cargaison de départ est des plus étonnantes. «Long» Simon, qui compte près de vingt campagnes de traite, me la décrit. Elle est tout axée sur les goûts des différentes tribus avec lesquelles il faudra traiter. D'abord, les toiles qu'on appelle «indiennes» et qui sont en fait des imitations fabriquées en Europe. Si, parmi tous les peuples de Guinée, le bleu est apprécié, les Ashantis préfèrent le rouge, les Akwamus et les Gês le vert foncé, et ainsi de suite. L'oba* de Bénin et les rois de Popo et d'Aradas sont connus pour leur goût des vins et des alcools fins, des vaisselles d'argent ou de porcelaine. Aujourd'hui, le roi guerrier de Dahomey n'en a que pour les fusils et la poudre.

Un peu partout sur la côte, les courtiers guinéens échangent, soit leurs compatriotes condamnés à l'esclavage, soit leurs ennemis capturés, contre des barres de fer ou de cuivre, des fusils, des lunettes d'approche, des pipes de Hollande, des gilets, des bonnets et des ombrelles garnis de dentelle, du corail, des parfums et des bijoux bon marché, ainsi que des perles de verre de toutes les couleurs qu'on appelle «rassades» et que l'on achète au poids en Angleterre.

Mais ce qui fait l'unanimité, c'est l'alcool et les cauris d'Inde. Le premier est la plupart du temps coupé d'une bonne quantité d'eau, ce qui en augmente le rendement. Les seconds servent de monnaie sur toute la côte de Guinée. Ces petits coquillages viennent des îles Maldives, dans l'océan Indien, ce qui les rend si précieux aux yeux des Guinéens.

En retour, le capitaine Redgrave embarquera des étoffes locales, du poivre maniguette*, du jaspe, des peaux de léopard, des dents d'éléphant, qu'on appelle «morfil», et de l'or partout où ce sera possible. Toutefois, le principal de notre cargaison sera bien sûr le «bois d'ébène*». C'est de cette façon qu'on nomme les nègres qui sont transportés de l'autre côté de l'océan pour servir d'esclaves dans les plantations de sucre, de tabac ou d'indigo.

On peut penser que ce nom cache la gêne provoquée par le discours de certains philosophes. Il y en a de plus en plus, ces temps-ci, qui s'opposent au trafic des nègres. Ils prétendent que les Noirs d'Afrique seraient nos égaux : des hommes, doués d'une âme et ayant droit à la liberté, comme nous. Mais, selon les lois édictées par les nobles lords de notre parlement, un nègre est considéré comme un article de commerce, ou comme du bois, pouvant être acheté, troqué, vendu.

De l'avis général, ils sont moins sensibles que nous. Ils sont donc moins malheureux de la perte de leur liberté. Ils ne souffrent pas vraiment, tant qu'on les nourrit convenablement et qu'on les traite sans trop de dureté. Ils sont aussi plus résistants au travail et plus dociles que les aborigènes des Indes occidentales, dans la mer Caraïbe. La grande majorité de ces Indiens a depuis longtemps disparu, morts au travail forcé qu'ils ne pouvaient pas supporter, ou exterminés lors des révoltes contre leurs maîtres blancs.

La traite n'est donc pas un crime, comme le disent certains. On m'a dit qu'elle sert à construire un monde nouveau qui inondera de ses bienfaits l'ancien monde. Tous en profiteront, même les esclaves qui y vivront dans un climat plus doux et plus sain que celui de la Guinée. Ils abandonneront leur sauvagerie au contact des Blancs ; la plupart échapperont aux souffrances, à la maladie et à la mort qui règnent dans leur pays d'origine… Du moins, c'est ce qu'on dit !

4

DANGER
À L'HORIZON

Le 2 mars

Le cap de Roca et Lisbonne sont loin derrière nous. La brise a forci, mais elle souffle toujours dans la bonne direction. À cette allure, nous aurons rejoint les Canaries en un temps record. Nous doublons le cap Saint-Vincent et fonçons au sud-ouest pour nous éloigner des parages du détroit de Gibraltar. Ces eaux sont infestées de pirates barbaresques, dont le port d'attache est le plus souvent Alger. Ils sont redoutables, autant comme combattants que comme navigateurs.

Mais, malgré les précautions qu'a prises le capitaine, un cri retentit bientôt à la grande hune :

« Voiles sur bâbord arrière ! »

La vigie tend le bras pour guider les regards. Émergeant de l'horizon, les petites taches blanches des voiles de deux chébecs barbaresques sont bientôt visibles. Un frisson me parcourt le corps. J'ai entendu parler de la cruauté de ces forbans et des performances de leurs navires légers et rapides. Extrêmement maniables, ils vont mieux que nous contre le vent et atteignent de grandes vitesses par faible brise.

Ils auraient tôt fait de nous rattraper si nous ne naviguions vent arrière. Le lieutenant Talman grimpe sur la dunette et met l'œil à sa lunette, le temps de s'assurer de l'identité de nos poursuivants. Puis, calmement, il embouche le porte-voix et se retourne vers l'avant.

« Branle-bas ! crie-t-il, tout le monde à son poste de combat ! »

Le premier ordre est pour moi et les autres mousses et novices pontins. Nous nous précipitons dans l'entrepont pour décrocher les branles dont certains pour-

64

Ragaillardi par la fuite des Barbaresques, je m'écrie spontanément, le poing en l'air :

« Qu'ils y viennent, ces forbans, nous leur montrerons de quel bois nous nous chauffons !

— Voilà un mousse qui semble bien hardi, réplique le capitaine en prenant l'équipage à témoin. Et comme vous pouvez tous le constater, cet astucieux marin s'est improvisé une protection fort efficace contre le "feu" de l'ennemi ! », poursuit-il en souriant.

Je ne saisis pas le sens de la dernière remarque du capitaine, mais son compliment me rend tout pimpant. La poitrine gonflée de fierté, je me retourne vers mes compagnons, l'œil brillant, le sourire aux lèvres, les jambes écartées et les poings sur les hanches.

Mais, contre toute attente, je reçois une volée de rires en pleine figure. Comment ? Ces coquins se gaussent, au lieu de m'acclamer, de m'applaudir !

« "Leaking*" Robin ! » s'écrie l'un deux en me pointant du doigt.

Du coup, un nouvel éclat de rires secoue le pont. Tous pointent maintenant vers ma culotte. Mon sourire et mon assurance m'abandonnent soudain. Figé par le doute, je baisse lentement la tête et je comprends enfin pourquoi je suis la risée de tous : une large tache humide s'étend sur le devant de ma culotte ; je me suis pissé dessus sans m'en rendre compte. Cette horrible tache atteste aux yeux de tous la couardise que ma hâblerie cachait jusque-là. Trempé d'urine et couvert de honte, je m'enfuis dans l'entrepont pour me soustraire à l'amusement de mes pairs.

Du même coup, des images me reviennent en mémoire : celles du pauvre « Saint » Stephen, tourné en dérision à cause de sa ferveur religieuse et s'enfuyant sous nos moqueries. J'ai alors, à son égard, un équivoque remords, mais un indubitable sentiment de fraternité dans la grande famille des persécutés.

C'est le deuxième quart de nuit. Les plus aguerris de ma bordée dorment paisiblement. Moi, je n'ai pu fermer l'œil. Nerveux, j'ai hanté les ponts et la batterie pendant quelque temps. Quand les bruits étouffés d'une lutte et ceux de la course de pieds nus sur le pont attirent soudain mon attention. Je localise un branle refermé comme un cocon et d'où s'échappent des pleurs. C'est celui de Stephen. Je m'approche et je pose la main sur le front du gamin, à peine plus jeune que moi. Il frissonne, puis me lance un regard éperdu, désespéré. Comme je me sens fort à côté de lui!

«Allons, lui dis-je, prends courage! Tu ne vas pas me dire que quelques taloches te remuent à ce point. N'en avais-tu donc jamais reçu auparavant?

— Toi, aujourd'hui, tu n'as souffert que de ton orgueil et, pourtant, tu avais l'air d'un déterré quand tu t'es sauvé pour cacher ta honte.

— Je te l'accorde, je n'étais pas bien gros… dans mes culottes trempées. Mais je m'en suis remis… ou presque. Alors, secoue-toi aussi! Bientôt, tu auras la nuque comme du cuir et tu ne les sentiras plus, les claques de ce salaud de Ballantine.

— Les taloches, réplique-t-il, les dents serrées, je pourrais les endurer, mais c'est tout ce qui vient après, la nuit venue, qui me tue à petit feu…

— Que veux-tu dire? Tout à l'heure, j'entendais des bruits de lutte… Tu prétends que ce chien vient te battre même la nuit!

— Non! Laisse-moi, j'en ai déjà trop dit.

— Pas question! Je m'occupe de ton cas dès ce matin! Abe Collin sera mis au courant, j'en parlerai à "Long" Simon…

— Je t'en prie, non! S'il te plaît, Robin, oublie ce que je t'ai dit. N'en parle à personne, jure-le!

— Mais pourquoi?

— Je t'en supplie, une dernière fois, sinon... il me tuera! Laisse-moi, maintenant, si tu as un penny d'amitié pour moi. »

Je m'éloigne, incrédule. Ce Stephen est vraiment une mauviette, ou alors il est fou. Comment peut-il croire que sa vie est en danger? Non, il me mène en bateau pour attirer l'attention sur lui, pour que je le prenne en pitié. Et pourtant, il a l'air sincère et réellement terrorisé. Je ne sais trop si je dois en parler à Simon. Peut-être vaut-il mieux que j'attende un peu, que je les tienne à l'œil, lui et Ballantine, pour m'assurer de quoi il retourne.

Mon regard se tourne vers la mer. Le soleil vient d'en sortir, loin sur tribord, éclaboussant l'eau sombre de sa lumière jaune et brillante. La nuit a été longue dans la perspective d'une véritable attaque des pirates. Mais la tension m'empêche de ressentir quelque fatigue. Le vent a molli au large et, pour garder une bonne allure, nous devons nous rapprocher du périlleux littoral marocain. Nous avons dépassé le cap de Cantin; ici, la côte est basse et brûlée par le soleil et le vent.

Malgré le danger d'être surpris par les pirates de Salé, le capitaine ordonne une grande pêche afin de nous approvisionner en poisson frais. Ces eaux sont réputées abondantes et elles tiennent leurs promesses. En moins de deux heures, nous amenons à bord force daurades, harengs et petits requins que nous parons et empilons dans des bailles avec quantité de gros sel. Les entrailles saignantes des uns servent au fur et à mesure d'amorce et de bouette pour prendre les autres, et ainsi de suite. Nous sommes tous pris d'une véritable frénésie au cours de cette pêche digne des Évangiles…

Mais les réjouissances sont de courte durée ; le cri d'alarme de la vigie vient de retentir et nous nous figeons dans l'attente… L'ordre du branle-bas est donné !

La manœuvre ne fait pas long feu et, comme la veille, nous sommes rapidement à nos postes. Les voiles triangulaires des forbans sont droit derrière nous. Elles se rapprochent à une vitesse folle, car nous avions mis en panne pour faciliter la récolte de notre pêche. Le temps de réorienter la voilure et les Salétins sont sur nous. Le capitaine donne alors l'ordre de border l'artimon. Comme je ne connais pas cette manœuvre, je me tourne vers Simon, alarmé. Il me répond par un sourire encourageant.

Tout l'équipage se précipite sur le pont, sous le gaillard d'arrière, et se regroupe en se bousculant devant «Stew» Oatley et George Wafer. Les deux hommes débouchent des pots de tafia* que les membres d'équipage s'arrachent à tour de rôle après que chacun en a sifflé une grosse lampée.

«C'est une rasade de faveur que le capitaine offre avant le combat, ou par très gros temps, me dit Simon. Allez, bois-en un bon coup, toi aussi, ça te détendra!»

Je me saisis de la cruche que Simon me tend et me remplis le gosier du liquide brûlant. La gorge en feu et les larmes aux yeux, je regagne mon poste en courant. Cette fois-ci, je crois bien qu'il faudra livrer combat!

Le *Pride* prend un peu de vitesse et file vers le large. Le chébec vire sur tribord et cherche à nous couper la route. Bientôt, nous sommes à portée de ses fusils qui se mettent à cracher une pluie de mitraille. Les plombs sifflent à nos oreilles, percent les voiles basses, se fichent dans les mâts. Nos fusils répondent avec plus de violence. Un des leurs est touché et passe par-dessus bord.

Les ordres se précipitent. Au-dessus de moi, les gabiers sautent d'un point d'appui à l'autre, comme des écureuils affolés. L'un

d'eux, particulièrement agile, semble littéralement voler dans le gréement. Simon a remarqué mon air ébahi.

« C'est Eleazar Burke. On le surnomme "Flying*" Ely. Tu vois pourquoi... Attention maintenant, Robin, accroche-toi ! »

Tout à coup, le *Pride* vire brutalement à tribord. Une moitié de l'équipage, surprise par le brusque mouvement, est jetée sur le pont. J'ai tout juste le temps de me raccrocher à « Long » Simon qui, lui, n'a été que légèrement déséquilibré et qui sourit de toutes les dents qu'il lui reste. De par sa nouvelle orientation, le *Pride* se trouve en panne de vent. Sur son erre, il finit de virer bord pour bord. Le chébec, qui se préparait à faire feu sur nous par son bâbord, se retrouve, lui, avec son ennemi par tribord sans avoir eu le temps de ralentir ou de s'armer.

Aussi sec, nous lui déchargeons une salve de nos pièces. Son grand mât est coupé en deux et de lourds boulets ont percé sa carène. Sur le pont du chébec, les faces brunes des Salétins roulent des yeux ahuris. Moins hardis que les Barbaresques, ils semblent avoir perdu tous leurs moyens après cette seule bordée. Le sourire arrogant qu'ils arboraient il y a quelques minutes a fait place à une grimace de terreur.

Ils tentent maintenant de fuir vers la côte, avec ce qui leur reste de voilure. Mais le capitaine Redgrave décide de les poursuivre. Virant de nouveau, le *Pride* les rejoint rapidement et décharge son canon de proue, arrachant d'un coup leur gouvernail. Le chébec s'arrête enfin, ralenti par l'eau qu'il prend de partout et ne pouvant plus tenir son cap.

Le *Pride* aborde alors le navire en détresse. Le capitaine a fait aligner sur la lisse une trentaine de fusils prêts à faire feu et nos canons, rechargés de balles ramées*, ouvrent une méchante gueule à la face des pirates. C'est plus qu'assez pour les décourager. Loin de chercher à se défendre, ils se jettent à genoux, face contre terre, qui hurlant de peur, qui pleurant, qui demandant grâce. Des grappins sont jetés et les deux navires sont arrimés l'un à l'autre.

Le lieutenant Talman monte à bord du navire capturé avec quelques hommes armés et en prend possession d'une manière très digne. Montrant la côte toute proche et pointant l'eau du doigt, il invite courtoisement l'équipage du chébec à s'y précipiter. Deux ou trois Salétins, qui montrent quelque réticence, sont proprement bottés au cul en guise d'encouragement. Les chaussures du lieutenant, très pointues comme chacun le sait, on a vite fait de les convaincre de plonger à la suite de leurs camarades.

Après que le bateau salétin a été délesté de tout ce qui peut avoir une valeur marchande ou pratique, nous le coulons proprement pour éviter qu'il soit récupéré par les pirates. La victoire est donc à nous ; conquise sans perte, sans dégât, ou presque, et dans un temps record. Le butin transbordé du chébec est intéressant et chacun en aura sa part. Tout le monde se réjouit.

Inquiet tout de même, j'inspecte à la sauvette l'état de ma culotte. Je suis soulagé de constater qu'elle est parfaitement sèche et propre. Je peux lever la tête fièrement.

« C'est le métier qui rentre, Monsieur Rowley ! s'écrie le capitaine, qui n'a rien perdu de mes agissements. Vous ferez un bon et courageux marin ! » ajoute-t-il haut et fort.

Il prend ainsi l'équipage à témoin, effaçant du même coup l'humiliation publique que j'ai subie hier. Mes compagnons, surexcités par notre triomphe, éclatent soudain :

« Hurrah, Robin ! Hurrah, Monsieur Talman ! Hurrah, Capitaine Redgrave ! Hurrah pour la victoire ! »

Rouge de plaisir, je me joins au chœur :
« Hurrah, Capitaine Redgrave ! Hurrah,
Monsieur Talman ! Hurrah pour la victoire ! »

Me voilà, moi, Robin Rowley, ancienne-
ment « le fripon », hier encore « le robinet »,
aujourd'hui membre à part entière du fier
équipage du *Pride of Bristol*...

5

LE BOUT
DU MONDE

Le 9 mars

Après la bataille contre les Salétins, le capitaine a mis le cap au large pour doubler les Canaries à l'ouest. La route vers le sud y est moins périlleuse qu'en navigation côtière. En passant par là, on évite les hauts-fonds du détroit qui sépare ces îles de la côte africaine. En outre, le détroit est sujet à de fréquentes tempêtes en cette saison.

Les Canaries sont facilement repérables grâce au grand pic de Tenerife qui s'élève à près de dix milles pieds. Arrivant tout droit du nord, nous avons dépassé Palma, l'île la plus occidentale de l'archipel, et avons fait escale à Hierro, l'île de Fer. Le pilote, Brennus Colston, va passer la journée à terre avec quelques hommes pour y faire des relevés topographiques. Simon m'a expliqué que ces mesures serviront plus tard à corriger une carte de l'île.

Nous employons ce temps à nous délasser, mais le capitaine ne permet pas d'aller à terre. Des matelots s'occupent à pêcher ou à repriser leurs habits. Accoudé à la lisse, je contemple la rive dorée sur laquelle viennent mourir les vagues. Derrière la plage, une multitude de petits oiseaux jaunes comme des citrons volettent dans les arbres. Je trouve leur chant clair et varié encore plus harmonieux que celui des rossignols. C'est un ravissement.

Mais la vue de Stephen me ramène sur terre. Assis à l'avant, l'air absent, le dos contre le pavois comme pour protéger ses arrières, il a l'air d'un fantôme. Je vais vers lui, mais sitôt que j'en suis à proximité, il se détourne vivement de moi.

«Alors, Stephen, ça n'a pas l'air d'aller mieux. Quel que soit ton problème, tu as vraiment besoin d'aide. Regarde-toi, tu dépéris à vue d'œil. On dirait un spectre!

— Laisse-moi, Rob. Je sais que tu veux bien faire, mais tu ne peux que m'attirer de pires ennuis. Je te remercie de ta sympathie, elle m'est d'un grand support… avec la prière. Mais si tu continues à te montrer avec moi, tu finiras par te mettre toi aussi en péril.

— Je ne comprends pas. Si Ballantine te maltraite, il faut t'en plaindre. Il profite du fait que tu es isolé du reste de l'équipage pour te réduire en esclavage. Tu dois parler !

— Personne ne croira ce que j'endure. Éloigne-toi, Rob, je t'en prie. Si tu veux m'apporter quelque réconfort, fais-le sous le couvert de la nuit. Ce sera moins dangereux, pour moi comme pour toi. »

Le pauvre étouffe un sanglot. Il me rend fou. Je ne comprends plus rien à rien avec lui. Sur son insistance, je finis par m'éloigner. En me retournant, j'entrevois la tête de Bill Ballantine qui émerge de l'écoutille de batterie. Les insinuations de Stephen ont fait grande impression sur moi. La moue perpétuelle de Ballantine, qui ne m'avait jusqu'à maintenant semblé que l'expression d'une nature hargneuse, m'apparaît soudain comme la grimace d'un ogre assoiffé de sang. Depuis quand est-il là ? Est-ce qu'il fera payer Stephen pour notre entretien… ou moi ? Un frisson me secoue le dos. Je rejoins rapidement les autres.

Pour sortir ma pensée de ces ténèbres glacées, je me mets à observer des matelots qui s'adonnent à la baignade, en plein soleil. Ils plongent du haut de la rambarde et nagent dans l'eau claire autour du navire. Cela semble bien réjouissant. Même les plus âgés s'excitent et rient comme des enfants. Je ne sais pas nager, aussi je me contente de les regarder avec envie. Tim Perry, un mousse de ma bordée, est le plus agile ; couvert d'écailles, il passerait facilement pour un poisson.

« Robin ! me crie-t-il, allez, viens ! Ce n'est pas difficile, je vais te montrer ! »

J'accepte aussitôt. Me dépouillant de mes vêtements, je descends prudemment le long d'un filin et me laisse glisser dans l'eau rafraîchissante. Tim me débourre* un peu, pour ce qui est de la flottaison et des mouvements de base et, ma foi, après quelques essais, je me débrouille assez bien, y prenant beaucoup de plaisir et oubliant tout le reste.

Continuant notre route plein sud, nous passons le cap Blanc deux jours plus tard. Les premiers navigateurs portugais, qui croyaient que la terre était plate, étaient sûrs que c'était le bord du monde. Dès avant le cap, près de Bojador, les courants et les alizés changent d'orientation et poussent vers le large. Les vents côtiers, alors contraires, semblent refuser le passage vers le sud. Aussi les anciens pensaient-ils que c'était un avertissement divin. L'orgueilleux qui cherchait à dépasser ce point se voyait précipité dans le vide et dans la mort.

Mais si la ligne du cap était infranchissable pour les mauvais voiliers de jadis, le *Pride of Bristol* la double sans trop de difficulté, en louvoyant sous voiles triangulaires. Par la suite, sachant bien que nous ne serons pas précipités dans des abysses sans fond, nous nous laissons porter au large par les vents et les courants. Après cinq jours, nous rejoignons le grand banc, dans le canal qui sépare les îles du Cap-Vert de la rivière Sénégal. Nous sommes maintenant en pays ouolof : l'Afrique noire commence ici !

Nous faisons escale dans l'île de Saint-Vincent pour y faire de l'eau. Le *Pride* entre dans une rade dont l'entrée est protégée par un îlet en forme de pain de sucre. À mon grand étonnement, la plage est d'un noir profond. Simon me dit que c'est le cas dans toutes ces îles, que ce phénomène est dû à la couleur de la pierre noire des volcans qui s'est effritée au fil des siècles pour se transformer en sable. L'eau de la petite baie semble peu profonde tellement elle est transparente. Quantité de grosses tortues s'y ébattent. Voyant cela, le capitaine décide de les chasser pour en saler la viande. Devant ma grimace de dégoût, Simon m'assure que c'est un mets excellent.

Le capitaine Redgrave prévoit passer deux ou trois jours ici. Il fait donc embosser par huit brasses de fond[4]. Cela veut dire que nous mouillons une ancre à l'avant et une à l'arrière pour augmenter la tenue du navire et garder un cap constant. Le maître tonnelier fait sortir les grosses barriques de la cale et en fait charger la moitié sur la chaloupe que nous avons mise à l'eau. C'est une large embarcation à rames de plus de vingt pieds de long. On peut la gréer d'un mât, d'une voile triangulaire et d'un foc. Elle sert à la traite côtière et à l'approvisionnement du navire.

En plus de la chaloupe, le canot est amené. Plus petite et seulement munie de rames, cette embarcation est surtout utilisée

---

4. Voir «Mesures» dans le lexique.

pour les déplacements du capitaine et pour des transports légers. Aujourd'hui, elle servira à la chasse de la tortue. Une équipe de dix hommes y prend place et se lance sans tarder à la poursuite de ces bêtes. Munis de longs harpons, deux d'entre eux tentent de transpercer les cous épais ou les cuisses qui saillent des épaisses carapaces. Ils viennent juste d'en piquer une qu'ils halent jusqu'au canot. Il faut trois hommes pour hisser la carcasse à bord.

J'aurais bien aimé être des leurs, mais Gordon Wells, le tonnelier, a requis mes services pour le nettoyage et le remplissage des barriques. Je descends donc dans l'embarcation commandée par le maître de chaloupe, M. Cabot, avec quelques autres camarades. Nous remontons une petite rivière qui s'enfonce dans une forêt d'abord claire, mais qui s'épaissit bientôt. M. Wells se penche régulièrement au-dessus du plat-bord pour goûter l'eau du creux de sa main. Après quelques minutes, il demande à M. Cabot d'accoster en proclamant qu'en ce point «l'eau est excellente et sans trace de sel».

L'intérieur des barriques est gratté et lavé dans l'eau courante pour enlever toute trace de croupissement. M. Wells les inspecte pour s'assurer de leur étanchéité, puis on les rembarque dans la chaloupe où on les remplit d'eau fraîche. Une bonne partie de la journée est nécessaire pour cette besogne. Comme on n'aura pas le temps de remplir l'autre moitié des barriques aujourd'hui, M. Cabot propose une promenade de reconnaissance dans les environs. Je m'enfonce prudemment dans le boisé à la suite des plus habitués.

Des plantes bizarres pendent des arbres autour de moi, comme des câbles sans usage, crochés à des mâts. Certaines me frôlent au passage, comme si elles cherchaient à m'attraper. Dans la pénombre du feuillage, des images de monstres exotiques et féroces se forment dans ma tête. La forêt s'emplit de hurlements bizarres qui me glacent le sang.

Tout à coup, j'entends deux coups de feu et des cris excités à la tête de la colonne. Je m'approche, hésitant. Enoch Maudlin et Will Pinney ont leurs fusils encore fumants posés sur l'épaule. J'avais remarqué ces deux pontins de ma bordée, d'excellents tireurs, lors de la bataille contre les Salétins. Ils ont abattu deux cochons sauvages sur lesquels se précipitent les autres pour les saigner. Il y aura de la viande fraîche pour souper !

Ce soir, nous avons droit à une vraie petite fête à bord. Le capitaine est fort satisfait du déroulement du voyage jusqu'à présent : aucun malade, aucune perte de vie, du beau temps, la prise du chébec, pas de retard et une escale qui s'annonce productive ici. Tout semble nous sourire. Aussi le capitaine Redgrave a-t-il décidé de mettre en perce un tonneau de rhum pour arroser ça. Tout le monde a été réquisitionné pour la préparation des festivités.

On a accroché des lanternes aux basses vergues. Jacob Stanford et Oliver Jones, les maîtres charpentiers, ont rapidement installé des tables à tréteaux et de longs bancs sur le pont principal. George Wafer, le maître queux du capitaine, a exceptionnellement cuisiné pour nous. Il nous a concocté une savoureuse soupe à la tortue. «Stew» a pour sa part fait rôtir le plus gros des cochons tués sur l'île. La viande en est grasse et délicieuse, avec un léger goût sauvage. On s'en remplit la panse. Le tafia, fort et âcre, aide a faire descendre tout cela et à réchauffer les esprits.

Sur la plage, où une équipe a monté un camp afin de saler la viande des tortues, on voit rougeoyer un beau feu dans l'obscurité naissante. L'autre cochon tourne lentement au-dessus des braises, traversé de la barbe au cul par une broche appuyée sur des fourches. Le capitaine, ne voulant pas que ceux-là soient en reste, leur a fait livrer un tonnelet de tafia. Là-bas, la fête va déjà bon train. Au son d'une cornemuse, des gaillards chantent, dansent et sautent comme des fous dans le sable encore chaud.

À bord, on ne tarde pas à leur faire écho. Les accords du violon et de la musette montent en volutes sonores vers le ciel étoilé. Portés par la musique et le gros rhum, des camarades sautent sur les tables et esquissent des pas de danse au rythme d'un tambourin.

Du coin de l'œil, je vois «Saint» Stephen s'éloigner furtivement du groupe de fêtards. Mon regard s'attarde sur lui. On dirait une bête traquée cherchant un trou où se terrer. Ces derniers temps, le malheureux est devenu plus malingre et tremblant que jamais. Mais n'est-ce pas là Bill Ballantine qui se lève à son tour, tout aussi discrètement. La brute rattrape Stephen et l'entraîne en le serrant par le cou. Cela devient insupportable. Je ne peux pas croire qu'il n'y ait que moi qui m'en aperçoive. À moins que… «Il n'y a pas plus aveugle que celui qui ne veut pas voir», disait parfois ma pauvre mère à mon pendard de père – c'était avant que celui-ci ne nous abandonne pour une bouteille d'eau-de-vie. Et si Ballantine faisait plus que seulement rouer Stephen de coups… S'il s'en servait pour… Tudieu! Le scélérat! Le… le bougre! Tremblant à mon tour, j'empoigne un gobelet de tafia et le vide d'un coup.

Voilà pourquoi le reste de l'équipage passe le tout sous silence. Si cette abjection venait aux oreilles du capitaine, Bill Ballantine goûterait au fouet et aux fers. Mais cela n'est plus mon affaire : Stephen a refusé toute aide, il a choisi son sort. Sa sauvegarde n'est plus de mon ressort. D'ailleurs, je ne me vois pas dans le rôle du mouchard ; mon passé de coquin parle pour moi. D'autant que je risque de perdre la sympathie de l'équipage. Sur ces considérations, je m'enfile un autre gobelet dans le gosier. Cet infect liquide, mystérieusement, semble étancher toutes mes soifs, même celle de justice…

Autour de moi, on réclame à grands cris le frère Repeater. Le lieutenant Talman s'empresse d'aller chercher le volubile volatile. Le perroquet retrouve sa place habituelle, sur la balustre de la dunette. Excité par le violon du gabier Bob Walsh, l'oiseau se met à se dandiner et à crier une danse carrée dans laquelle se lancent des matelots éméchés et tapageurs.

Moi aussi, je danse ! Je hurle comme un perdu ! Je saute comme une chèvre. Je chante à pleins poumons pendant ce qu'il me semble des heures. Et puis, fin soûl, je m'écroule…

La levée du corps est pénible, ce matin. Mes jambes, si légères la nuit dernière, pèsent bien un demi-tonneau aujourd'hui. Dans ma tête, on dirait que cognent les cloches de Saint Mary Redcliffe. J'ai couché, ou plutôt je me suis effondré, directement sur le pont. Mais si je me suis endormi le premier dans cette position inconfortable, je n'ai pas été le seul. Autour de moi s'amoncellent les corps inertes, dans des positions qui présagent force courbatures pour la journée qui vient. Si le capitaine Redgrave est parfois généreux, il est toujours très strict. Tout le monde doit se mettre au travail, car il compte appareiller demain matin pour profiter du jusant*.

Nous avalons un épais porridge arrosé de mélasse. Cela nous leste l'estomac et nous redonne un peu de courage. Stephen ne s'est pas présenté pour le repas. Je pars à sa recherche et le retrouve à l'infirmerie où il dort d'un sommeil agité. Son visage et son torse sont couverts de bleus. Je me précipite à l'intérieur, mais le chirurgien Trenchard m'empêche de le réveiller.

«Laisse-le se reposer, me dit-il, il est très mal en point.

— Qu'a-t-il? C'est encore ce salaud de Ballantine! m'écrié-je.

— Si tu sais quelque chose, gamin, tu ferais mieux de parler, et pas à moi, mais à ceux qui pourront faire quelque chose pour ce pauvre garçon. Lui ne veut rien me dire. Quand je le questionne, il se met à trembler et à rouler des yeux de terreur. Je ne suis pas un tendre, c'est incompatible avec mon métier, et j'en ai trop vu sur les négriers pour m'émouvoir pour des riens. Mais là, ça devient répugnant. Ces bleus que tu vois, ce n'est rien. Quand il est arrivé au petit matin, il était plein de sang et sa culotte est bonne à appâter les requins. Si ça continue comme ça, il mourra avant que nous levions l'ancre.»

La vérité me tombe dessus comme une masse. Je ne peux plus faire semblant de ne pas comprendre, ou de me réfugier derrière les avertissements de Stephen. C'est bien ce que je pensais, Ballantine se sert sauvagement de lui pour assouvir ses bas instincts… et il est en train de le tuer à petit feu. Il faut faire quelque chose.

D'un bond, je suis hors de l'infirmerie, mais à peine ai-je fait quelques pas que je me bute à Ballantine qui me bloque le chemin et m'agrippe par l'épaule. Sa poigne est puissante, je me sens comme un jouet d'enfant entre ses griffes. Son regard d'ogre se pose sur moi, lourd de menace. Une violence terrifiante émane de lui, comme s'il la transpirait.

« Mêle-toi de tes affaires, siffle-t-il, la voix tremblante de rage, ou je te fais à toi aussi un mauvais parti. »

Je reste sans voix, pétrifié. Je me rends compte à quel point il a dû être facile pour Ballantine de persuader Stephen qu'il le tuerait s'il parlait. Le moins qu'on puisse dire, c'est que le monstre est convaincant. Il ne lui manque même pas l'écume aux coins des lèvres. Et le garçon n'a pas, comme moi, l'habitude de ce genre de scélérat. À cette pensée, le sang se précipite dans mes veines et la colère me rend mes moyens.

« Lâche-moi tout de suite, gros porc, ou je te fais pendre à la grande vergue comme le monceau de viande avariée que tu es ! »

90

Je lui ai répondu sur le même ton que le sien, en m'efforçant, sans trop de peine, il faut bien le dire, de lui rendre aussi son regard furieux et menaçant. Sidéré par mon aplomb, Ballantine relâche sa prise sans trop comprendre ce qui lui arrive.

Moi-même un peu surpris de mon efficacité, je profite de cet instant de répit pour me précipiter vers les autres. «Long» Simon est là, supervisant la mise à l'eau d'un canot.

«Où étais-tu, Robin? Nous allions partir sans toi. Tu seras content, j'ai convaincu M. Collin de t'emmener avec moi à la chasse ce matin. Une nouvelle équipe part remplir l'autre moitié des barriques d'eau.

— Simon! Je...

— Mais qu'as-tu? Tu es tout pâle. C'est le tafia qui ne passe toujours pas? Si tu es malade, il vaut mieux que tu restes à bord, nous avons besoin de quelqu'un qui se tienne debout. C'est dommage pour toi, Robin, si tu ne pouvais pas supporter la fête, il ne fallait pas la faire. Abe Collin n'aime pas les tire-au-flanc, tu n'auras plus d'ici longtemps une chance comme celle-ci de te faire valoir...

— Tais-toi, je t'en prie! le coupé-je, encore surexcité par ce qui vient de se passer. C'est toi qui me soûle avec tes sermons! Je vais très bien, mais j'ai à te parler très sérieusement, alors arrange-toi pour avoir ton poste près du mien dans le canot. Allons ! m'écrié-je tout à coup à la ronde pour libérer la tension qui continue de me serrer la poitrine, tout le monde à bord ! Sus au monstre ! »

Entraînés par mon apparent enthousiasme, les membres de l'équipe descendent dans le canot sans attendre l'ordre réel du maître d'équipage. Ce qu'ils ignorent aussi, c'est que mon dernier cri de ralliement n'avait pas comme cible les monstres marins que nous poursuivrons ce matin, mais bien le monstre à deux pattes et sans cœur dont le regard glacial se pose sur moi depuis la lisse du *Pride*.

Abe Collin commande l'expédition et tient la barre. En plus de six vigoureux rameurs, dont Simon, elle compte aussi deux harponneurs et moi-même. Je me tiens à l'avant et agis comme vigie, autant pour repérer les animaux que pour parer à une possible collision avec un récif. Car quand le canot est lancé en chasse, il peut atteindre une très grande vitesse.

Presque tout de suite, je pousse un cri d'alerte :

«Tortue à l'avant, cinq quarts tribord !

— Souquez ! Souquez ferme ! » gueule Abe, accroché à la barre.

Le canot bondit comme un lévrier. À côté de moi, John Davis, un ancien baleinier, brandit son harpon. Il assure son équilibre, la jambe gauche relevée, le pied sur le plat-bord. La bête file devant nous, aussi rapide qu'un poisson. C'est un énorme caret, à l'écaille bombée et couverte de facettes qui miroitent dans l'eau. Une horrible tête au bec menaçant et quatre cuisses épaisses sortent de la carapace.

Fasciné par le monstre qui est maintenant à portée de jet, je sens à peine John bouger. Son geste est rapide, puissant, précis. La pointe du harpon touche la bête à la base d'une des larges nageoires, traversant les chairs. La grosse tortue s'affole et soixante pieds de cordage filent rapidement. Je frappe aussitôt le filin du harpon à la pointe de l'étrave. Juste à temps ! Un choc violent, quand la corde se tend, et tout de suite le canot est entraîné dans la fuite désespérée de la bête. Les rames sont relevées. Pendant de longues minutes, l'embarcation file librement dans le sillage du monstre qui perd son sang. À la fin, la bête ralentit, épuisée. John hale le filin et continue de l'enrouler à l'étrave.

Mais, alors que le filin est presque serré à bout de course, le caret bondit de nouveau. Agrippé au fil, John est projeté dans les eaux de la rade. La bête tente de plonger pour se libérer. Sa force est si grande que le canot pique du devant et pivote violemment. L'embarcation gîte dangereusement et nous sommes près d'être éjectés à notre tour. Cependant, John Davis, toujours à l'eau, glisse le manche de son couteau entre ses dents et plonge. Il se rapproche du monstre dont je peux maintenant évaluer les proportions gigantesques. La bête est aussi longue que l'homme et doit bien peser cinq cents livres.

John la rejoint au bout du filin, par trois brasses de profondeur. À plat ventre sur le dos de l'animal, il se cramponne aux bords de la carapace. Enragée par la blessure et la nouvelle agression, la tortue allonge et tord le cou pour mordre. Son puissant bec se referme sur la main de John. Un nuage rouge en jaillit. L'homme réplique, enfonçant à plusieurs reprises la lame de son couteau dans la tête du monstre. Après quelques soubresauts, le caret s'immobilise. La bête morte flotte à présent entre deux eaux. John prenant appui sur son dos se propulse à la surface.

La tête à peine hors de l'eau, il aspire bruyamment une grande goulée d'air et hurle : «Ramenez-la! Vite, vite! »

De sa main qui serre le plat-bord gicle par coups un flux de sang rouge. On l'aide à embarquer pendant que Simon et moi halons le monstre. Sitôt que la bête affleure la surface, John se jette dessus et lui ouvre grande la gueule. Il se met à trifouiller la gorge de la tortue comme un dément. Nous restons muets, n'osant l'arrêter, persuadés que le pauvre homme est pris d'une folie vengeresse. Mais, tout à coup, il s'écrie triomphant : «Ah! le voilà! » Puis il brandit fièrement en l'air l'index que le caret venait de lui couper.

Soulagés de constater que John n'a perdu qu'un doigt, et pas la raison, nous lui garrottons le poignet pour arrêter le saignement. Le gros Abe donne aussitôt l'ordre de retourner au *Pride* afin que le médecin fasse son office et que le héros du jour prenne un peu de repos. La tortue est trop lourde pour que nous la hissions dans le canot, aussi nous l'arrimons le long du bord.

Je saisis l'occasion et raconte toute l'histoire de Stephen à «Long» Simon. Au fur et à mesure de mes révélations, mon compagnon blêmit et sa mâchoire se contracte.

« Cette fois, il est allé trop loin », siffle Simon, étouffé par la colère.

Nous approchons bientôt du navire où une galerie de curieux nous attend, penchés au-dessus de la lisse. Plusieurs ont été témoins de l'incident avec le caret et John est accueilli par des « Hurrah ! » sonores quand il lève son poing bandé en signe de victoire.

Le 11 mars

Nous avons passé une journée de plus dans la rade de Saint-Vincent. La chasse de de la tortue a été tellement bonne qu'il a fallu plus de temps que prévu pour saler toute la viande. On en a aussi profité pour tuer quelques cochons sauvages. Sebastian Trenchard, le chirurgien, a proprement recousu la blessure de John, appliqué un onguent additionné de poudre à canon et bandé le tout. Le capitaine Redgrave, mis au fait de l'aventure, a offert à l'audacieux marin un grand verre de rhum fin de sa propre réserve en guise de cordial et de compensation.

96

Une bonne moitié de la viande de tortue a été encaquée dans des barriques. Nous faisons sécher ce qu'il reste à la manière des marins. Aux enfléchures des haubans, aux étais et partout où on a pu en crocher de façon qu'ils soient à l'air libre sans gêner la manœuvre, on a suspendu de gros morceaux de viande salée. Le vent du large se chargera du reste.

Simon et moi avons mis le maître d'équipage au courant du drame de Stephen, dès le retour de la chasse. Il n'a cependant pas voulu en faire rapport au lieutenant Talman ou au capitaine. Il a plutôt réuni quelques hommes de notre quart sur la fin de la journée d'hier afin de rencontrer Ballantine et de lui mettre les points sur les i. Évidemment, j'ai insisté pour être là, ce que j'ai regretté par la suite.

Le monstre, isolé dans un coin, s'est vu servir des avertissements sans équivoque. Mais, loin d'avouer son évident forfait et de montrer quelque remords, Ballantine s'est défendu en accusant Stephen et moi d'un complot pour le perdre. Rendu fou par l'attitude accusatrice de ses camarades, il s'est même fâché et a proféré des menaces à mon égard. Du coup, « Long » Simon a perdu son calme proverbial. À mon grand étonnement, il a allongé une terrible droite au menton du criminel, l'envoyant cul par-dessus tête. Le regard courroucé, ses longs doigts puissants refermés sur la gorge du gabier, il a ajouté en se penchant sur un Ballantine aussi étourdi par le coup que surpris par le geste : «Lève seulement les yeux sur Robin et tu n'auras même pas le temps de goûter à un châtiment régulier !»

Les autres ont eu besoin de toutes leurs ressources pour arracher le gabier aux serres du géant furieux avant qu'il ne mette immédiatement sa menace à exécution. Libéré mais suffocant, Ballantine, perdant toute raison, a poursuivi notre groupe de ses imprécations.

«Vous tous, oui, vous tous, j'aurai votre peau ! L'un après l'autre ! Personne ne viendra me dire quoi faire, je suis Bill Ballantine ! Vous êtes tous des traîtres, des faux frères ! Vous méritez tous la mort !»

Cette nuit-là, je l'ai passée sous bonne garde, en compagnie de Stephen, à l'in-firmerie. Cependant, à un moment où je suis sorti prendre un peu d'air, j'ai surpris un petit groupe d'hommes massés contre le pavois, près du beaupré. Malgré l'obscurité, j'ai aisément reconnu ceux de mon quart et, entres autres, la longue silhouette de Simon. En m'approchant d'eux sans bruit, j'ai perçu le bruit de leurs voix :

« Il fallait le faire, Abe. Si le capitaine avait fait justice, il l'aurait fait mourir au bout de son sang, a déclaré une voix que je reconnus pour être celle du gabier Josh, un des frères Morgan.

— Comprenez-moi, a répondu le maître d'équipage, j'ai navigué pendant près de vingt ans avec lui. Je m'y suis attaché, comme à vous tous. Et puis, le petit n'est pas mort.

— C'est tout comme, a répliqué Simon, et sans doute cela ne tardera pas. Quant à moi, nous avons pris la bonne décision.

— Allons, finissons-en, a repris Josh. Même si tous se doutent du sort de Bill, il ne faudrait pas se faire prendre sur le fait. »

Alors, ils ramassèrent une grosse masse sombre sur les bordés et la firent rapidement basculer par-dessus la lisse. Ils firent de même pour une autre, plus petite, que je pris pour un sac de marin. Je suis rentré sans bruit et je n'ai jamais mentionné à personne ce que j'avais vu.

Toujours est-il qu'au matin, le gabier manquait à l'appel ainsi que tout son barda.

La suite appartient sans doute aux lois non écrites de la mer, ou de ce navire en particulier. Dans tous les cas, j'ai assisté à une scène stupéfiante où tous tenaient un rôle qui sonnait tellement faux que cela ne pouvait tromper même un néophyte comme moi.

Informé de la disparition du gabier, le lieutenant Talman a demandé des explications à Abe Collin devant tout l'équipage réuni sur le pont. Contre tout usage, seul le capitaine ne s'est pas montré sur la dunette. Le maître d'équipage, sur le ton d'un mauvais tragédien, a répondu ne rien savoir de cette absence :

« Je ne comprends pas. Il est vrai que le comportement de Ballantine était des plus étranges dernièrement. Peut-être a-t-il décidé qu'il n'était plus à sa place parmi nous. Peut-être que, pris d'un soudain mal du pays, il a décidé de quitter le bord et d'attendre un navire qui ferait route au nord. Il ne m'en a ni parlé ni demandé la permission, Lieutenant.

— Peut-être... Monsieur Collin, a répété le lieutenant, faisant mine de croire cette énorme mensonge. Pensez-vous que nous devrions mettre une embarcation à l'eau et envoyer une équipe à terre à la recherche de M. Ballantine ? a-t-il ajouté, toujours sur le même ton bizarre, comme s'il lisait un texte.

— Je ne crois pas, lieutenant. Si nous le récupérions, il faudrait le punir pour sa désertion. Laissons-le donc à son sort, quel qu'il soit. Dieu pourvoiera à un châtiment.

— Voilà donc une affaire réglée. Levons l'ancre, Monsieur Collin... À moins qu'un de vous n'ait quelque chose à dire», a ajouté le lieutenant en s'adressant à tout l'équipage.

L'armée de «figurants» de cette hallucinante pièce a alors répondu par une immobilité et un silence qui exprimaient trop clairement sa complicité.

À cette heure, le *Pride* sort de la rade, entraîné par le jusant. Nous hissons les voiles et le cap est mis au sud-est. Simon me dit qu'il faudra bien dix jours pour rejoindre le cap Tanguin en Sierra Leone, même s'il n'est qu'à un peu plus de cinq cents milles. Jusque-là, le vent dominant sera contraire, franc nord, et il faudra louvoyer. Une fois passé la Sierra Leone, nous nous laisserons porter par les vents côtiers et le courant de Guinée.

Les deux bordées sont sur le pont. Toutes les têtes sont tournées vers l'avant. Les regards se portent au large, vers la lointaine côte africaine où nous attendent des mois de traite. John Davis, le harponneur amputé, est complètement remis de sa propre aventure, sourire en coin, à son poste au pied du grand mât. Mais, au contraire des autres, il semble observer quelque chose accroché au mât, à cinq ou six pieds au-dessus de sa tête. De fait, un petit objet blanc pend au bout d'un fil, attaché aux liures du mât. Je m'approche pour mieux voir. Parmi de gros morceaux de viande mis là à sécher s'en balance un plus petit, blanchi par le sel. Je reconnais l'index de John.

Il semble que les événements récents n'aient pas beaucoup ému les membres de l'équipage, comme s'il s'agissait d'un fait divers. Je ne suis pas loin de croire que c'est le cas. Ce genre d'histoire n'est-il pas souvent raconté par les «rampants*»? Ou bien ce détachement apparent cache-t-il un sentiment de honte? La honte de ceux qui préfèrent ne rien voir et ne rien dire face aux atrocités que leurs semblables perpètrent sous leurs yeux. Un aveuglement qui sert trop souvent d'excuse pour ne pas intervenir, ou le faire trop tard.

Car, pour ce qui concerne Stephen, son état ne s'améliore guère. J'ai demandé à M. Collin d'être dispensé des tâches qui ne touchent pas la manœuvre pour passer le plus de temps possible près de lui et le réconforter. Ce que le maître a accepté, vu les circonstances...

DEUXIÈME PARTIE

6

AU PAYS
DES FOURBES

Le 25 mars

Simon avait raison. Il a fallu douze jours de manœuvres incessantes pour y arriver. Sans compter les quarante-huit heures pendant lesquelles le *Pride*, encalminé au large des rivières du Nord, n'a pas avancé d'une encablure ! Mais nous y sommes.

Le pauvre Stephen, lui, ne verra jamais les côtes de Guinée. Il a rendu l'âme après une lente agonie, deux jours après notre départ de Saint-Vincent. J'ai bien essayé de le réconforter, mais il avait perdu le goût de vivre et il s'est laissé glisser dans le néant comme un oiseau blessé. Je suis familier de la mort et j'avais déjà vu cette résignation sur le visage de certains vieux, usés par une vie trop longue et trop dure et qui voient avec soulagement la faucheuse venir les chercher. Mais j'ai de la difficulté à accepter ce qui est arrivé à cet enfant naïf et fragile.

Après sa mort, le capitaine Redgrave a fait envelopper son corps frêle et blessé dans un linceul, fait de toile à voile, qu'on a par la suite cousu tout autour de lui. Son corps ainsi emmailloté a été déposé sur une large planche que quatre des maîtres soutenaient au bord de la lisse. On a sonné la cloche de changement de quart et tout l'équipage, au courant du décès de Stephen, s'est rassemblé sur le pont pour la courte cérémonie d'adieu que les marins réservent à leurs morts. Le capitaine lui-même a prononcé la prière des marins, recommandant l'âme innocente de Stephen à son Créateur avant de faire glisser le petit paquet dans la mer. Elle m'a ouvert les yeux sur l'importance de croire à quelque chose. Près de la fin, c'est la foi qu'avait Stephen qui lui a procuré une certaine sérénité, comme si elle adoucissait sa douleur. Cette prière résonne encore dans ma tête. Elle sera toujours une consolation quand je repenserai à Stephen. J'ai regardé le petit corps flotter quelque temps, avant qu'il disparaisse dans les flots. À cet instant, j'ai eu la certitude que les larmes qui coulaient du visage des quatre-vingts hommes qui m'entouraient avaient le même goût amer que les miennes : celui du remords.

La vie réserve à chacun de ces souf-frances et de ces injustices dont on se sent parfois le complice quand on n'en est pas la victime. Je sais bien qu'il aurait fallu in-tervenir plus tôt dans cette histoire, mais l'aurais-je pu ? En apparence, le reste de l'équipage est retourné à ses préoccupations quotidiennes comme s'il ne s'était rien passé de grave. Pour ma part, cette tragédie con-tinue de me hanter et je dois faire des efforts constants pour l'oublier. Je me console en pensant que le véritable responsable a payé pour son crime. Je ne sais trop de quelle façon il a été puni, mais je suis sûr qu'il ne fera plus jamais de mal à personne, le regard de «Long» Simon ne trompe pas.

La côte de la Sierra Leone est à moins d'une lieue : le cap Tanguin, très élevé, et les îles Bananes nous le confirment. Ce pays est celui de la petite traite ; on ne peut y acheter que quelques esclaves à la fois. Ce qui n'est pas vraiment rentable, selon M. Talman :

« Le capitaine Redgrave préfère attendre les grands comptoirs de la côte de l'Or et de la côte des Esclaves pour y prendre son bois d'ébène. Il a une avantageuse réputation et les marchands ne font jamais défaut de lui livrer de grandes quantités d'excellents esclaves en peu de temps. »

C'est une position que lui envient les autres négriers, qui peuvent passer de nombreux mois, sinon l'année entière, pour se constituer une pleine cargaison.

En outre, nous ne sommes qu'à la fin de mars et, jusqu'à la fin d'avril, les travaux des champs occupent le plus gros de la population : hommes libres ou esclaves. Ce qui occasionne un creux saisonnier dans la traite. Là-dessus, il faut rajouter que certaines tribus de cette partie de la Guinée sont réputées fournir des esclaves suicidaires, mélancoliques ou rebelles, qui sont difficiles à revendre aux Indes occidentales. Bien sûr, si une occasion facile se présente, il ne sera pas question de refuser une bonne affaire.

Par contre, passé l'île Sherbro et la rivière Gallines, on peut traiter un riz de grande qualité, du bois et de l'huile de palme pour notre propre usage. Plus loin, sur la côte des Graines, on trouve la maniguette. Plus loin encore, passé le cap des Palmes, c'est le pays du morfil ; on l'appelle la côte des Dents. Et bien sûr, un peu partout, si l'on se montre habile et averti, on peut se procurer de l'or en petites quantités mais à un prix avantageux.

Le 27 mars

Nous sommes en vue du grand cap de Monte. On le reconnaît par un gros morne* qui s'avance dans la mer. C'est le pays du roi Pitre, maître de la côte entre Gallines et les Mesurades. Après s'être approché du rivage à moins d'une demi-lieue, le capitaine Redgrave fait amener les voiles et donner du canon pour annoncer notre présence à terre. C'est aussi la manière de demander aux indigènes s'il y a une traite possible.

Bientôt, nous jetons l'ancre, car une pirogue a été mise à l'eau et elle s'approche rapidement. M. Ligon, Luke le « Duke* » comme on l'a surnommé, est tout excité à la perspective de remplir enfin son office. Il y va de grands signes amicaux destinés aux passagers de la pirogue. Ces derniers lui rendent courtoisement ses salutations.

Curieusement, le capitaine semble décidé à laisser cette affaire dans les mains du subrécargue. Pourtant, tous savent qu'il est plus présomptueux qu'expérimenté dans la traite.

« Tiens, si ce n'est pas mon ami le capitaine Viédaze ! » s'exclame simplement le capitaine Redgrave, alors que la pirogue n'est plus qu'à une encablure.

Le capitaine en question est un nègre de la nation sherbro. Il est affublé de loques militaires bigarrées et mal assorties. Arborant un large sourire, il a plus l'air d'un enfant qui joue au capitaine que d'un réel officier. Il est accompagné d'un autre naturel, accoutré de manière tout aussi fantaisiste, et les deux font une paire des plus réjouissantes. Tout l'équipage se pressant au bastingage, j'ai du mal à garder une place de choix pour observer ce qui se passe.

Après avoir amarré leur embarcation au faux bras, les deux hommes grimpent leste-

112

ment le long de la muraille et sautent sur le pont. Une vingtaine de gros sacs de toile rebondis lestent le fond de la pirogue. Les nègres portent des poulets vivants qui se débattent bruyamment au bout des cordelettes qui leur enserrent le cou. Après maintes salutations et courbettes, celui qui semble être le chef offre ces bouquets gigotant au capitaine Redgrave et se présente.

«Moi, capitaine Viédaze, et lui, capitaine Assou. Nous être grands capitaines venus pour grand roi Pitre. Grand roi Pitre avoir beaucoup esclaves puissants, beaucoup oiseaux-mangé et beaucoup bon riz pour toi», dit-il, en montrant tour à tour les poulets puis les sacs qui sont restés dans la pirogue.

De toute évidence, si le capitaine Redgrave a reconnu Viédaze, le contraire n'est pas vrai. Le capitaine fait donc aussitôt monter les sacs de riz à bord et donne des instructions à voix basse.

Pour sa part, le «Duke» est bien dépité. Son orgueil en a pris un coup, car, malgré qu'il se soit avancé, l'air plein d'autorité, vers les deux cabécères*, ceux-ci se sont spontanément adressés au capitaine, comme s'ils avaient dès l'abord deviné que c'était lui le chef.

«Excellent! déclare-t-il tout de même à Viédaze, essayant de prendre le contrôle. Moi très content! Moi vouloir acheter bonnes marchandises de roi Pitre, poursuit le "Duke" dans une langue approximative, pensant ainsi se faire mieux comprendre des naturels.

— Toi venir avec beaucoup belles choses et cauris, pour échanger. Roi Pitre a beaucoup esclaves meilleurs, assez pour remplir ventre grande pirogue», reprend Viédaze en désignant au «Duke» le pont du *Pride*.

Il montre dès lors le plus grand intérêt au subrécargue, flairant peut-être le bon pigeon. Ce dernier discute quelque temps avec Viédaze et Assou, répertoriant les marchandises, fixant les prix, les quantités. Puis, après s'être entendus, les trois hommes se serrent la main. Gonflé par un sentiment de réussite apparente, Luke le «Duke» Digon se tourne vers le capitaine en bombant le torse:

«Eh bien, Monsieur Redgrave, il me semble que l'affaire a été menée rondement. Nous pourrons vraisemblablement partir dès après-demain pour les Indes occidentales, avec un chargement complet d'excellents nègres. Faites préparer immédiatement toutes nos embarcations. J'en prendrai moi-même le commandement. Dès qu'elles seront chargées de nos monnaies d'échange je partirai avec M. Viédaze.

— Monsieur Digon, réplique alors le capitaine Redgrave au subrécargue, là où vont ces deux valeureux capitaines, je serais étonné que vous vouliez les suivre. Allez, vous autres ! »

À l'injonction du capitaine, quatre robustes pontins saisissent les nègres et, les balançant par-dessus bord, les jettent à la mer. Puis ils détachent leur pirogue qui se met à dériver le long du bordage. Les pauvres malheureux, aussi surpris que froissés, se mettent à invectiver le capitaine dans leur langue, levant haut le poing au-dessus de leur tête. Ils rejoignent tant bien que mal leur embarcation et s'y hissent, toujours fulminant.

Le capitaine, qui connaît la langue des Sherbros, leur répond dans cet idiome par une longue tirade menaçante, au cours de laquelle il paraît s'amuser follement. Je n'en distingue que les mots « capitaine Viédaze » que notre capitaine prononce chaque fois haut et fort en traînant les syllabes d'une manière moqueuse. Le « Duke », bouche bée, s'en prend bientôt au capitaine, dont il désapprouve avec véhémence le comportement.

« Mais que vous prend-il ? Êtes-vous fou, à la fin ? Si vous vous montrez aussi sauvage avec tous les courtiers que nous rencontrons, dans un an la cale sera encore vide ! J'avais conclu un marché avec ces gentlemen ! Ne pouvez-vous supporter qu'un autre que vous se montre efficace et éclairé ? »

Cependant, le capitaine et tout le reste de l'équipage n'ont d'yeux que pour nos deux visiteurs qui, ayant cessé leurs récriminations, s'éloignent maintenant sans un mot à coups de pagaie vigoureux et précipités.

« Deux tirs de semonce ! » lance le capitaine.

Et, coup sur coup, deux gros boulets font exploser l'eau à proximité de la pirogue, risquant ainsi de la renverser. Poussant des cris de terreur, les deux compères redoublent le rythme et se mettent rapidement hors de portée.

« Allez-vous enfin m'expliquer ce que tout cela signifie, reprend le "Duke", toujours emporté, à l'intention du capitaine.

— Monsieur Ligon, vous venez d'avoir votre première leçon de traite.

— Eh bien, si c'est là votre façon habituelle de conclure un marché, je me demande bien d'où vous vient votre réputation de roi de la traite !

116

— Mon cher ami, elle s'est bâtie en vingt-cinq ans sur trois piliers : la diligence, une bonne dose de méfiance et une mémoire sans faille. Cet hurluberlu, ce capitaine Viédaze, est en fait le plus fieffé coquin que la côte de la Sierra Leone ait produit. Il y a quelques années, il m'a détroussé de la plus belle façon et je ne l'ai pas oublié.

« Nous ayant attirés à terre par de belles promesses, avec de pleins coffres de notre marchandise, il obligea mes hommes à passer la nuit sur la plage, prétextant quelque retard de sa caravane d'esclaves. Or, cette nuit-là, pendant que mes hommes dormaient, une poignée de ses complices nous délesta proprement de toutes nos fournitures. Nous nous étions fait « enviédazés », ainsi que l'on dit couramment aujourd'hui, car les victimes de ce lascar ne se comptent plus.

« Aujourd'hui, j'ai eu le double plaisir de prendre ma revanche sur ce gentleman, comme vous le nommez, et de me rembourser en partie de mes pertes d'alors ! Je vous conjure donc dorénavant de ne plus vous mêler de traite et de simplement apprendre consciencieusement votre métier. »

L'incident du cap de Monte m'a donné à réfléchir. Je me suis forgé une première opinion sur la race nègre, dont on a proclamé qu'elle n'était pas assez humaine pour qu'on en interdise le commerce. Je m'attendais vraiment à voir un être proche de l'animal, une créature à forme vaguement humaine, s'exprimant par couinements et marchant à la manière des singes. Mais, à la lumière de ce que j'ai pu constater, ces êtres me semblent doués, et à tous points de vue, d'une profonde humanité.

En effet, mis à part leur physionomie typée et la couleur de leur peau, leur apparence physique est identique à la nôtre. Et encore, j'ai vu maints Anglais de Bristol affublés de visages plus déconcertants que ceux de Viédaze ou de son compagnon. Quand ils ne s'essaient pas à l'anglais, ils semblent s'exprimer clairement dans une langue qui, à mon oreille, n'apparaît pas plus exotique que celle d'un Portugais ou d'un Hollandais. De plus, ils s'adonnent le plus naturellement du monde à des activités qui demandent de l'astuce, de l'organisation et une bonne dose de culot. Je ne vois donc pas en quoi leur caractère, leurs inclinations, leur nature diffèrent de ceux de la plupart des Blancs que je connais… des miens, par exemple.

J'ai eu l'occasion moi aussi – poussé par la misère, il va sans dire – de pratiquer la petite rapine, l'escroquerie légère et le «traficotage» anodin. Rien de tout cela ne peut être le fait d'un animal… à part le vol, peut-être. Aussi dois-je en conclure qu'avec les nègres, nous avons affaire à des êtres humains à part entière…

Nous poursuivons notre route vers le sud-ouest et les caps Mesurade. Ils marquent la fin de la Sierra Leone et le début de la côte des Graines. Le *Pride* ne s'éloigne jamais à plus d'une lieue du rivage. La navigation côtière est sûre quand on sait tenir compte de tous les signes extérieurs.

Par exemple, à vue d'œil ou de lunette, il est aisé de reconnaître le profil côtier et les points de repère qui marquent les endroits où nous voulons accoster ou, au contraire, qu'il vaut mieux éviter. Ces indications ont été patiemment notées au fil des ans sur le livre de cabotage du capitaine. Il y a reproduit sous forme de croquis les particularités du relief et de la végétation côtière. En outre, on sonde continuellement le fond pour en connaître la composition. C'est le pilote qui est chargé de cette tâche. Cela donne des indications sur les courants, sur la proximité des embouchures et, bien entendu, sur la profondeur de l'eau.

On peut ainsi choisir des lieux d'ancrage sûrs et découvrir les endroits où l'approche des côtes est sans risque, ou presque. Car, au fur et à mesure que nous avançons vers le golfe de Guinée, l'atterrissage est rendu périlleux par la présence des barres. Ce sont des rouleaux, de véritables murs d'eau formés par la houle quand elle rencontre les hauts-fonds et les vents de la côte. Le navire est alors empêché d'approcher sous risque de chavirement.

Cependant, cela ne semble pas effrayer les naturels, qui les passent comme par magie sur leurs frêles embarcations. Pour ce faire, ils ont une technique bien particulière. S'ils abordaient une barre par le travers, ils seraient évidemment aussitôt renversés. Par contre, s'ils s'engageaient debout à la lame, une fois au creux, ils embarqueraient une telle quantité d'eau qu'ils couleraient en peu de temps. Aussi prennent-ils ces dangereux rouleaux selon un angle de quatre quarts qui les maintient à la limite de chacune des deux catastrophes.

C'est merveille de les voir faire, mais je préfère rester au sec sur le *Pride*. D'autant que les eaux du littoral sont infestées de requins. Ces poissons semblent n'avoir qu'une fonction dans ce monde : dévorer tout ce qui tombe à proximité de leur monstrueuse gueule et, croyez-moi, ils ne traînent pas quand l'occasion se présente !

7

LE BAPTÊME
DE LA CHAIR

Le 11 avril

Au petit cap Mesurade, nous avons fait du riz en grande quantité, de l'huile de palme et des fruits frais. Quant au grand Mesurade, il nous fournit nos premiers nègres.

« Ils n'ont pas très bonne réputation, me dit Simon. Aux colonies, on les appelle les « Misérables ». C'est une déformation du mot « Mesurade », mais c'est aussi une façon de distinguer leurs mœurs douteuses.

— Et en quoi le sont-elles ?

— Laisse-moi plutôt t'en donner un aperçu. Il y a bien des années, il y avait ici un petit comptoir hollandais. Il était près d'un village vaï, situé un peu à l'intérieur des terres. Un soir que nous y arrivâmes, nous vîmes de grands feux sur la plage où grouillait une foule de naturels excités. Le capitaine fit mettre en panne et envoya en reconnaissance M. Dampier, le nouvel enseigne. Mais son canot ne toucha pas terre. Arrivé à une encablure du rivage, il fit soudain demi-tour et revint précipitamment vers le *Pride*. L'embarcation filait comme si elle avait été poussée par une forte brise, ses hommes nageant* comme des damnés.

« Le visage de M. Dampier était blanc comme un linceul, dans le crépuscule. Le capitaine, penché au-dessus de la lisse, avait beau s'époumoner à le questionner, l'autre restait muet et raide comme une figure de proue à l'avant du canot. Quand il eut atteint le *Pride*, il se plaqua contre la muraille, les mains crispées sur le faux-bras, comme si sa vie ne tenait plus qu'à ce cordage. On dut le hisser à bord tellement il était secoué. Cependant, le capitaine Redgrave continuait de l'interroger en vain. Voyant qu'il n'y avait rien à en tirer, un des matelots qui l'avaient accompagné prit la parole en hésitant :

124

— *M'sieur Redgrave... Sauf votre respect, mon Capitaine.*

— *Oui, matelot, parle.*

— *Ils sont en train de les manger.*

— *Qui mange quoi ? demanda le capitaine.*

— *Ben, les Vaïs, mon Capitaine, ils s'en mettent toute une ventrée ! Ils sont en train de bouffer les Hollandais. Ils nous ont fait de grands signes amicaux pour qu'on les rejoigne et qu'on casse la graine avec eux. Ils avaient l'air bien avenants, mon Capitaine. Mais m'sieur Dampier, que c'est son premier voyage, il avait jamais vu boulotter la viande de ses semblables. Alors, faut comprendre, mon Capitaine, ça l'a remué. »*

L'imitation de Simon est parfaite, le matelot en question devait être Iwan Thomas, un pontin des tribordais que rien n'émeut jamais, si ce n'est border l'artimon !

« Mais, ce sont des cannibales ! m'écrié-je soudain en réalisant la teneur du récit.

— Exactement ! et de bon appétit avec ça. Cette fois-là, ils mangèrent les quatorze Hollandais du poste en un seul repas.

— Quelle horreur ! Et ce sont ces monstres dont nous allons prendre livraison ?

— Je ne crois pas que le capitaine achète des Vaïs, il est trop avisé. Ceux-là doivent être des Grebos, ou des Dés. »

Le jugement favorable, encore tout chaud, que je me suis fait sur les naturels de ce pays vient de prendre un coup de froid. Moi, je n'ai jamais croqué un de mes congénères. Enfin, je ne le crois pas... Il y a bien, à Bristol, une ou deux gargotes qui servent un ragoût au parfum douteux... Mais non! Non et non! Du chat peut-être, ou du rat, mais pas de la chair humaine, grands dieux!

Le soir venu, la chaloupe de maître Cabot revient au *Pride* avec à son bord M. Hauduroy, le deuxième lieutenant, Francis Dampier, l'enseigne, qui sera patron de la chaloupe en Guinée, et une dizaine de nègres que j'observe avec appréhension. Encore affecté par l'histoire de Simon, je leur trouve un air redoutable, même s'il y a parmi eux des femmes et de jeunes enfants.

«Des Vaïs? s'enquiert le capitaine Redgrave auprès du lieutenant.

— Des Grebos, Capitaine.»

Je pousse aussitôt un soupir intérieur de soulagement.

«Ce sont des otages de guerre des Vaïs, reprend le lieutenant Hauduroy, cinq forts nègres, deux négresses jeunes et grasses et trois négrillons qui valent bien deux pièces d'Inde*. Je leur ai fait boire du cordial, un peu d'eau-de-vie avec du laudanum, question de les tranquilliser.

— Et combien ce lot va-t-il nous coûter, Lieutenant?

— Huit pièces d'Inde en tout, Capitaine. À payer en "rassades", en pipes de Hollande, en bonnets de dentelle, et seulement cinq fusils!

— C'est parfait. Nous devons garder les armes à feu pour la traite de Whydah. Le roi Agadja ne veut rien d'autre et ses nègres sont les meilleurs de Guinée. Monsieur Gil, je vous prie de faire votre office.»

Répondant aussitôt à l'invitation, le médecin portugais fait aligner les nègres, qui roulent des yeux terrifiés. L'effet du cordial semble s'estomper. Simon me glisse à l'oreille:

«Ces gens-là ont peur. Non pas de l'esclavage qui les attend, car c'est une coutume répandue partout en Guinée. Sache que la plus grande part du bois d'ébène que nous achetons est déjà asservie. Ce sont des otages de guerre, comme ceux-ci, ou des membres d'une famille endettée qui servent de gage au créancier pour le reste de leur vie. Des fois, ce sont des individus qui ont violé la loi ; ils sont adultères, voleurs, criminels de tout acabit et l'esclavage est leur punition. Cette pratique est un peu une manière de préserver l'ordre social pour ces tribus.

« Par contre, quand ils sont de l'intérieur des terres, ils ne connaissent rien à la mer qui les terrifie et où ils croient qu'ils vont terminer leur existence dès l'instant qu'ils montent à bord. Et surtout, ils n'ont pour la plupart jamais vu de Blancs. Ils pensent qu'on veut les manger et faire des chaussures avec leur cuir.

« Alors, ils tentent souvent de s'enlever la vie. Certains sautent par-dessus bord pour se noyer ou être dévorés par les requins. Il y en a qui avalent leur langue de plein gré pour périr étouffés. D'autres meurent de langueur ou de faim quand ils refusent de s'alimenter. Mais le capitaine a le don de gagner leur confiance et de les amadouer. »

Pendant les explications de Simon, M. Gil a commencé son examen. Le lot semble en fort bon état. Chacun a le corps rasé et bien huilé. Les courtiers nègres ont souvent recours à cette préparation qui donne une apparence de santé et de jeunesse.

«Pas de hernie ni de ver de Guinée, proclame le médecin. Celui-ci est plus âgé qu'il n'y paraît, ses cheveux sont teints. Mais son état de santé est bon et il semble vigoureux.

— Allez, saute ! » s'exclame M. Gil à l'intention du nègre et dans sa langue.

Et le chirurgien Trenchard, assistant M. Gil pour l'occasion, de mimer ce que le médecin demande. Sautant sur place comme un lièvre et arborant un large sourire, il incite le nègre à l'imiter.

Le naturel se met à sautiller lui aussi, d'abord timidement, puis de plus en plus haut sous les encouragements enjoués des deux médecins. Bientôt, tous cabriolent en riant avec une belle énergie.

«C'est bon pour leur moral», me confie Simon.

Le médecin, satisfait de la performance, tente maintenant de ramener l'ordre, ce qui lui prend bien cinq minutes.

Puis il poursuit son inspection, tâtant les fesses pour détecter la présence du pian, ce parasite qui dévore littéralement les chairs ; examinant les yeux par crainte des cataractes ; sondant l'intérieur des bouches à la recherche d'ulcères ou de dents manquantes ; palpant les parties pour évaluer le potentiel de reproduction. Finalement, il lèche la peau des nègres et établit l'âge respectif de chacun.

«Joao Gil est portugais et cette technique est une spécialité de son pays, m'explique Simon, poursuivant son commentaire ponctuel. Le docteur évalue l'âge selon l'acidité de la sueur. Il y est très habile et a plus d'une fois mis au jour d'habiles maquignonnages. Il a aussi sauvé certains d'entre nous d'une mort certaine. Selon le même principe, il peut découvrir la nature d'une maladie en goûtant l'urine de celui qui en est atteint.

— Oui, bien sûr, j'ai vu cela à Bristol», répliqué-je d'un air entendu pour cacher mon ignorance.

Décidément, ce Simon m'impressionne de plus en plus. Ce simple matelot fait figure d'esprit universel si je le compare aux gens que je fréquentais à terre. Je souhaite que les voyages me forment à son égal.

«Eh bien, tout cela me semble parfait, Capitaine, décide M. Gil. Huit pièces d'Inde seraient un juste prix.

— Alors, il faudra conclure pour sept, Monsieur Hauduroy! ajoute le capitaine. Retournez à terre avec M. Dampier pour conclure cette transaction. Nous repartons demain matin.»

«La récolte est précoce sur la côte, cette année. C'est ce qui nous a permis de faire du riz et du bois d'ébène avant la fin d'avril. Mais on dirait que la saison des pluies va commencer plus tôt aussi».

Le lieutenant Talman prononce ces paroles d'un air rêveur, l'œil fixé sur l'horizon. Simon acquiesce et, moi-même, je constate que la qualité de l'air est différente, ce matin. Il est toujours aussi chaud, mais plus lourd, davantage chargé d'humidité. Chacun à notre poste, nous attendons les ordres du capitaine pour appareiller.

Cependant, alors que nous restons dans le silence, à l'affût de quelque goutte de pluie qui frapperait le bout de notre nez pour nous donner raison, c'est un énorme crachat qui vient s'écraser au milieu de notre petit groupe.

Comme si c'était la chose la plus naturelle du monde, le lieutenant Talman crie, sans lever les yeux :

«Quelque chose qui ne va pas, Mark?

— Une embarcation vient d'être mise à l'eau, Lieutenant. C'est une pirogue, elle se dirige vers nous.

— C'est Mark Henton, "Spitting*" Mark Henton, précise Simon. Il a cette bizarre habitude qui lui a valu son sobriquet. »

Mon regard remonte la trajectoire qu'a dû suivre le jet de salive. Effectivement, le vieux gabier se balance loin au-dessus de nous, pendu à la vergue du hunier d'artimon.

« Ce porc a bien failli m'envoyer sa bave sur la tête !

— Allons donc, Robin ! tu ne le connais pas. Cet hurluberlu ne rate jamais sa cible. D'ailleurs, ça m'étonne qu'il ne t'ait pas baptisé, vu que c'est ton premier voyage ! Tu as dû attirer sa bienveillance, comme tu l'as fait avec tout l'équipage. Je ne sais pas si c'est ton air ahuri, le courage que tu as rapidement acquis, ou simplement le plaisir évident que tu montres à partager notre vie mouvementée, mais tout le monde t'a pris sous sa protection… »

Simon continue de me fleurir de compliments. La situation s'y prêtant, il évite ainsi que cela puisse passer pour de la complaisance. J'en suis touché, mais je réalise aussi que j'ai changé depuis mon départ de Bristol. Je n'ai plus systématiquement recours à la fourberie pour arriver à mes fins et cela a un effet bénéfique sur mes relations avec mes camarades. Et puis, sans fausse modestie, je crois que je montre plus de courage et d'acharnement. Serais-je en train de devenir une personne estimable? Il y a trois mois, j'aurais éclaté de rire en pensant cela. Aujourd'hui, j'en ressens quelque fierté... Il me reste quand même du chemin à parcourir.

Cependant la pirogue transportant quatre naturels vient d'aborder le *Pride*. Deux d'entre eux, liés l'un à l'autre, ont les larmes aux yeux. Les deux autres les « encouragent » à monter sur le pont en éperonnant leurs fesses avec de courtes piques. Un des nègres demande à parler au capitaine qui vient de sortir de sa chambre, alerté par le lieutenant Talman.

« Je ne te connais pas, commence le capitaine Redgrave. Tu n'es pas un courtier de la région. Tu as des esclaves à vendre? »

Même si le capitaine s'est adressé à lui dans sa langue, le naturel répond dans la nôtre... ou à peu près.

« Moi donner esclaves à toi. Échanger deux contre un que toi acheté hier.

— C'est une rançon, me dit Simon. Cela arrive parfois quand un esclave est otage d'une autre tribu. Ces deux-là sont des Grebos qui viennent récupérer un membre de leur famille ou un dignitaire de leur village. Ils veulent l'échanger contre deux Bulus. »

133

Abe Collin fait sortir de l'entrepont les nègres achetés la veille et les aligne devant le rançonneur.

Celui-ci secoue la tête et se retourne vers le capitaine.

« Non, non ! dit-il, avec la main tendue devant lui un peu plus haut que sa taille. Petit homme, M'sieur, tout petit.

— Monsieur Talman, allez chercher les négresses et les négrillons dans la sainte-barbe. »

Le petit groupe de femmes et d'enfants est à peine sur le pont que l'autre se met à sauter et à appeler : « Mingo ! Mingo ! »

Un négrillon de sept ans tout au plus lui fait écho en criant : « Mbaba ! Mbaba ! ». Puis il se précipite dans les bras de celui qui, nous l'avons tous compris, doit être son père.

« Lui fils à moi ! confirme le nègre, pleurant et riant à la fois. Prends deux hommes forts en échange petit homme, c'est bon pour toi. Je t'en prie, rends fils à moi, rends-moi petit Mingo ! »

Cette scène met la larme à l'œil aux plus endurcis parmi l'équipage. Pour ma part, j'avale un coup de salive pour tenter de défaire l'énorme nœud que j'ai dans la gorge. Le capitaine Redgrave, imperturbable, appelle M. Gil pour qu'il examine la rançon.

Le médecin se plie à la demande avec toute la méthode qu'on lui connaît...

«Ces deux Bulus sont en excellente santé, Capitaine, je vous les recommande.

— J'accepte ta rançon, mon ami, enchaîne le capitaine Redgrave à l'intention du nègre. Reprends ton fils ! Je te félicite pour le dévouement que tu montres envers lui.»

En effet, pensé-je, en me rappelant mon propre père. Car cette canaille m'aurait au contraire vendu avec empressement pour une pinte de mauvais whisky, s'il en avait eu l'occasion. Vraiment, je ne sais plus que penser à propos de ces Noirs.

Les deux hommes et l'enfant quittent le navire et s'en retournent. Nos nègres, eux, restent à prendre l'air sur le pont, car c'est là qu'ils passeront toutes leurs journées, sauf en cas de mauvais temps.

Ils y mangent, on les y occupe à des tâches légères ; en fait, ils y vivent, du lever au coucher du soleil. L'orchestre de bord, avec Bob Walsh comme chef, est réquisitionné tous les après-midi pour un concert d'œuvres variées. Cette pratique est courante. Elle vise à adoucir l'humeur des Noirs et à leur donner confiance. Le soir venu, ils regagnent l'entrepont ou la sainte-barbe, selon leur sexe, pour y passer la nuit.

Le jour, sur le pont, on sépare aussi les femmes des hommes : les premières restant sur le gaillard d'arrière, avec les plus jeunes enfants ; les seconds occupant le pont principal, entre le grand mât et le gaillard d'avant. Ces espaces sont considérables depuis qu'ils ont été débarrassés des embarcations. On garde maintenant la chaloupe à la traîne, du fait que l'on va s'en servir fréquemment, alors qu'elle est d'ordinaire amarrée sur le pont principal par des saisines. Le canot, lui, est fixé en porte-à-faux au bossoir d'artimon et peut être largué en quelques minutes.

« Bientôt, me dit Simon, le bateau sera transformé. Il y a plusieurs aménagements à faire sur le pont, comme dans l'entrepont, pour le transport du bois d'ébène. On procédera à ces travaux aux Sestres, où nous avons rendez-vous avec Yambo.

— Yambo ? Qui est Yambo ?

— Quelqu'un dont le capitaine ne voudrait pas se passer. Tu verras. »

8

PRÊTS POUR
LA TRAITE

Le 16 avril

Au départ des Mesurades, nous avons fait route vers le sud-est en conservant un écart d'une lieue par rapport à la côte. Le pilote Colston poursuit son inlassable investigation du fond marin : ici vaseux, là dur, de couleur sombre ou claire ; ici de sable, ailleurs de roches ou de graviers rouge, jaune, gris, mêlés ou non de coquillages vifs ou pourris ; hauts-fonds par-ci, à quatre brasses seulement, par-là dépressions à plus de cent brasses.

Au fur et à mesure que le relief des côtes s'aplatit, la barre devient plus forte. On distingue maintenant sa ligne blanche depuis le large. Cela signifie que les abords des côtes sont peu profonds. Pour l'approche, le *Pride* aura dorénavant à utiliser les embouchures des cours d'eau. Sinon, à partir d'ici, la chaloupe seule s'approchera de la terre.

Sur le pont, respirer est devenu un travail en soi, tant la chaleur est intense. Simon m'avertit que ce n'est rien comparé à ce qui nous attend quand nous serons à terre. Mais cela ne m'empêche pas d'être impatient de fouler pour la première fois le continent noir. Aussi, je harcèle le bon Abe Collin et M. Cabot de mes doléances, les implorant de faire de moi un régulier de la chaloupe. Voyant mon insistance, Simon glisse de temps en temps un mot en ma faveur.

Sans pousser, nous avons doublé les Junko, puis Petit Bassa. La côte des Graines a défilé sous nos yeux, trop lentement à mon goût. Nous avons fait un court arrêt à Grand Bassa pour faire de la maniguette, mais je n'ai pas été invité à débarquer. Simon tente de me réconforter et m'encourage à poursuivre mes menées auprès du maître de chaloupe, disant que, de son côté, il se charge de convaincre M. Collin.

Ce midi nous sommes enfin en vue des Sestres. Nous doublons l'embouchure de la rivière où deux navires sont à l'ancre : une belle frégate* française, avec bien trente pièces en batterie, et un senau* hollandais qui est armé pour la traite. Comme la paix est revenue, il n'y a rien à craindre du bâtiment de guerre français. Aussi, nous virons sur bâbord et nous approchons d'eux sous misaine et petit hunier.

Le capitaine Redgrave est connu pour sa sociabilité. La courtoisie est d'ailleurs la marque de tous les capitaines anglais. Autant ils sont intraitables en cas de conflit, prêts à causer tous les torts possibles aux commerçants du camp adverse, autant ils sont affables et disposés à rendre service en temps de paix. De plus, notre capitaine prend beaucoup de plaisir aux mondanités. Aussi, dès lors que le *Pride* est affourché, le capitaine Redgrave s'empresse de mettre le canot à l'eau et d'envoyer le lieutenant Talman faire des civilités en son nom et inviter à dîner les deux autres capitaines.

Quant à l'équipage, il est mobilisé par les préparatifs du nouvel aménagement. Les deux maîtres charpentiers, M. Stanford et M. Jones, partent à terre avec M. Cabot pour reconnaître les possibilités de traiter le bois de construction qui sera nécessaire aux nouvelles structures. L'enseigne, M. Dampier, qui commande cette expédition, n'emmène avec eux que deux forts pontins, car il faut ménager la place pour le bois à bord de la chaloupe. Je continue donc à ronger mon frein. Voilà maintenant plus d'un mois que j'ai mis pied à terre !

Comme je suis du deuxième quart de jour, je suis requis avec quelques autres pour nettoyer l'entrepont. Je passe mon exaspération sur la brique avec laquelle je gratte rageusement les bordages et le plancher. Même si les sabords et les écoutilles sont largement ouverts, la chaleur est effroyable dans les cales. En quelques minutes, mon activité intense aidant, je suis trempé de sueur de la tête aux pieds. Le briquage terminé, un grand rinçage s'effectue et nous essuyons les eaux usées.

Pendant ce temps, le maître calfat, Edmund Lawrence, fait le tour des bordages de l'entrepont. Il marque çà et là, avec une grosse craie blanche, les coutures dont le calfatage doit être renforcé. Car, une fois que la cargaison commencera à prendre du volume, on ne pourra plus faire ce travail en toute liberté. Comme cet ouvrage est extrêmement «agréable», évidemment, on fait appel à moi! Et me voilà trempant l'étoupe dans cet immonde brai, puant et collant... Décidément, ce n'est pas ma journée!

Sur le pont, l'activité est tout aussi fébrile. Après un ménage en profondeur, on dresse les plans du nouvel aménagement. Le pont principal sera séparé en deux par une solide cloison, la rambarde, que l'on élèvera devant le grand mât. À l'avant, on parquera les nègres le jour, jusque sur le gaillard d'avant si nécessaire. La partie arrière sera réservée aux négresses et aux enfants.

Cette rambarde sera large, haute et solide. Aux yeux de l'équipage elle représente un élément de sécurité contre une éventuelle révolte des esclaves noirs. La cloison double s'élève sur le pont jusqu'à douze pieds de hauteur pour parer l'escalade. Elle déborde aussi de chaque bord la largeur du navire comme deux larges éventails. Sur tout son pourtour, les bords supérieurs et extérieurs sont garnis de lames de fer tranchantes. Elle est percée de deux portes pour la communication, chacune étant surmontée à l'arrière de petites galeries, à la manière des chemins de ronde des anciens châteaux forts. On accède à ces plates-formes par des échelles et on y installe deux des pierriers que l'on chargera au besoin de gros sel ou de petite mitraille. De quoi calmer les mouvements intempestifs des nègres qui, parfois, perdent patience pendant leur transit et font mine de se rebeller.

Dans le parc des femmes, plus petit, on loge la cuisine juste derrière la rambarde. Elle est double : une chaudière servant à cuire les repas de l'équipage et une autre, bien plus grosse, où « Stew » Oatley préparera les bouillies pour les nègres. Des planchers de briques sont établis sous les chaudières. On les prélève de la cuisine du gaillard d'avant, avec l'ensemble des ustensiles dont Stew aura besoin pour son office.

La cuisine intérieure servira dorénavant d'annexe à l'infirmerie, car, sous ces climats, la maladie fait des ravages et on n'aura pas trop de place pour isoler les matelots qui seraient pris de fièvres bizarres. Le mal de Siam* d'abord, que l'on contracte souvent sur les côtes de Bénin et qui peut vous emporter tout un équipage en quelques jours. Celui qui en est atteint se vide d'abord par les deux bouts, dévoré par une soif intense. Puis il maigrit, s'affaiblit, ses membres sont tenaillés par des crampes douloureuses. Un grand abattement l'envahit enfin, annonciateur de la mort prochaine.

D'autres malaises menacent aussi, tant l'équipage que la cargaison. Le pian* ou crabe, qui ne peut cependant être contracté qu'en allant à terre, qui vous bouffe les chairs et vous donne un flux blanc de derrière; la fièvre des marais*: le mal caduc*: les fluxions de poitrine* et autres hydropisies*: sans compter le spasme* et la petite vérole*. Et puis il y a la menace permanente du scorbut qui plane sur tous les équipages de voyages au long cours.

Mais M. Gil, le médecin-chef, dit que le scorbut, au contraire des autres maux, ne risque pas de nous atteindre tant que nous fréquentons les côtes. Car il prétend que ce mal est prévenu par la consommation de fruits et de légumes frais. Quant à la grande traversée vers les Indes occidentales, il a mis au point un élixir au goût écœurant, composé de jus de citron vert et de sirop de canne, qu'il oblige l'équipage à consommer tous les jours de ce long voyage en haute mer. Le capitaine Redgrave l'appuie en cela de toute son autorité, car il a pu vérifier l'efficacité du mélange au cours de voyages antérieurs.

Au matin du quatrième jour, le *Pride* est fin prêt à recevoir sa cargaison de bois d'ébène. La rambarde est terminée, grâce au solide bois blanc que les maîtres charpentiers ont acquis des courtiers nègres des Sestres. Dans l'entrepont, on a terminé une autre installation, le faux-pont. Comme il est impossible de coucher plus de trois cents esclaves sur le plancher existant de l'entrepont, les navires négriers sont munis d'un deuxième étage.

C'est une sorte de plate-forme en galerie, de cinq pieds de profondeur, qui est appuyée aux murs de l'entrepont et en fait le tour de façon a créer un demi-étage. Ce faux-pont, qui servira de couche à une bonne centaine de nègres, n'a eu besoin que d'être installé, car il était déjà construit. L'activité principale du *Pride* étant la traite, on le garde en permanence, mais posé sur le plancher de l'entrepont pour ne pas encombrer inutilement l'espace. Arrivés sur les côtes de Guinée, on n'a qu'à le monter sur des supports, à mi-hauteur du plafond, et à bien l'arrimer.

L'enseigne Dampier a profité de ses sorties à terre pour sonder les possibilités d'acheter quelques esclaves, bien que ce ne soit pas encore la saison. Ses entreprises ont été couronnées de succès : quatre dizaines d'esclaves de bonne qualité, des Bassas pour la plupart et quelques Dés, ont été cueillis ici et là par l'efficace enseigne. On a aussi fait un peu d'eau fraîche. Cependant, nous ne repartons pas et, intrigué, je m'informe auprès de Simon :

« Qu'attendons-nous pour lever l'ancre, puisque le navire est maintenant armé et qu'on ne nous offre pas d'autre traite ici ?

— Tu as la mémoire courte, me répond Simon. Est-ce que je ne t'ai pas dit, il y a quelques jours, que nous avions un rendez-vous important, ici ?

— C'est vrai ! J'oubliais ! Ce Bambo, ou Mambo, dont tu m'as parlé…

— Yambo ! son nom est Yambo… et il me semble bien que c'est justement lui qui arrive avec M. Dampier, à bord du canot. »

En effet, du canot maintenant attaché au faux-bras, un immense nègre aux vêtements colorés grimpe lestement au bastingage et saute sur le pont comme s'il s'était agi d'une simple marche d'escalier.

L'homme est impressionnant. À peine moins grand que mon ami Simon, il est deux fois plus large et épais, tout en muscles. Le regard brillant, le sourire large et chaleureux, la peau lisse et foncée luisant au soleil, il est l'image même de la santé et de la puissance. Tout de suite, je suis captivé par son magnétisme, qui n'a rien d'animal, comme on pourrait le croire.

Au contraire, Yambo a quelque chose de surhumain. Dès lors qu'on le voit, on est en confiance. Intelligence, force et assurance émanent de lui comme la chaleur et la lumière d'un bon feu. On a dans l'instant envie de mettre son destin entre ses mains. Et c'est bien, en partie, ce que nous allons faire pendant les prochaines semaines.

Car Yambo est un Krou : tribu renommée pour produire d'excellents navigateurs qui connaissent la côte comme le fond de leur case. C'est lui qui sera notre pilote de cabotage. Mais plus encore, me dit Simon, Yambo s'est acquis, comme notre capitaine, le respect de tous les courtiers de Guinée et, à eux deux, ils forment la meilleure équipe de traite qui ait jamais fréquenté cette côte.

Le capitaine Redgrave s'empresse de venir accueillir le nouveau venu et, à ma grande surprise, comme de vieux amis, ils se donnent l'accolade en riant et en se congratulant, tout heureux de se revoir. Le capitaine ordonne d'arrimer le canot au bossoir et nous appareillons immédiatement. Les deux compagnons, bizarrement assortis, montent ensuite vers la grande chambre où ils s'enferment, sans doute pour se donner des nouvelles et deviser sur la campagne de traite qui commence vraiment à partir d'ici.

Encore sous le charme de Yambo, et déconcerté par l'attitude du capitaine à l'égard du grand nègre, je replonge dans ma perplexité quant à la nature des hommes, blancs et noirs. La contenance de Yambo, sa prestance, finissent de me convaincre de l'humanité des nègres. Dans mon esprit, le doute s'est estompé. Mais comment le capitaine peut-il à la fois montrer autant d'affabilité, de camaraderie envers cet homme et, cependant, pratiquer ce métier qui consiste au trafic de ses semblables? Et que dire de Yambo et de sa conduite face à sa propre race?

Se peut-il que pour l'un comme pour l'autre, il y ait autant de différence entre un Krou, un Grebo ou un Yoruba, qu'il y en avait pour moi, avant mon arrivée dans ce pays, entre un nègre et un Blanc. Je repousse les pensées qui se bousculent dans ma tête, ne sachant plus si je dois condamner ces comportements ou les accepter comme naturels. Décidément, en un seul voyage, ma cervelle autant que mes muscles auront travaillé davantage que pendant toute mon existence passée…

Cependant, comme pour me rappeler qu'il est mauvais de trop réfléchir, une énorme goutte s'écrase tout près de moi sur le pont. Nonchalamment, je lève le regard à la recherche de Mark Henton, le gabier cracheur. Mal m'en prend. Cette fois, c'est dans mon œil que s'aplatit le liquide ! Mais le gabier n'y est pour rien, car soudain le ciel se déchire d'un éclair aveuglant, presque aussitôt suivi d'un fracassant bruit d'explosion. On croirait la fin du monde arrivée ! Puis le ciel s'ouvre et se met à déverser des trombes d'eau…

TROISIÈME PARTIE

9

LEÇONS
DE COMMERCE

Le 31 mai

Voilà un mois qu'il pleut dix à vingt heures par jour. Pourtant, le débit reste le même. On dirait que le ciel d'Afrique contient des réserves inépuisables de gros nuages bien gonflés d'humidité. D'un autre côté, il fait un peu plus frais ; cela rend moins pénible l'obligation de dormir enfermé dans les batteries. Nous n'avons pas fait d'arrêt sur la côte des Dents, où les comptoirs négriers sont peu nombreux et de peu d'importance. Nous en avons profité pour naviguer au large, évitant les abominables moustiques que le rivage vomit par myriades dès que la pluie fait relâche.

Abe Collin m'encourage en m'expliquant qu'après le cap des Trois-Pointes le climat sera meilleur :

« À l'est du cap, la pluie tombe de façon plus constante pendant toute l'année. Elle est beaucoup moins abondante que le long de la côte des Dents à ce temps-ci. Ici, ajoute-t-il, on dirait que toute l'eau de l'année tombe pendant deux mois... »

Je veux bien en croire son expérience. Mais, en attendant, ma situation s'est détériorée au lieu de s'améliorer. Plutôt que de profiter de quelque liberté à terre, j'ai été confiné pendant un mois dans le ventre du *Pride* avec mes camarades. Par ce temps, il y a peu de travail utile à faire sur le pont... mise à part la collecte d'eau de pluie ! Nous allons petit frais continu grâce au courant de Guinée et à une petite brise régulière du large. Tout ce temps, nous avons donc navigué largue, presque par vent de travers, sans jamais changer d'amure et sans correction.

Quant au travail d'entretien, tout l'équipage s'y est mis exclusivement pendant ces dernières semaines. Ainsi, il ne reste plus une voile à ravauder, plus un fil à épisser, plus une tache de rouille à piquer et plus un rat à prendre à bord.

Notre humeur se ressent doublement de cette inactivité et de la promiscuité. Car ceux qui cherchaient à échapper à ces épreuves morales en s'activant sur le pont se sont retrouvés avec des fluxions de poitrine, et nous craignons maintenant pour la vie de quelques-uns.

Aussi est-ce avec fébrilité que nous virons à bâbord un matin et que nous corrigeons aux ordres du lieutenant Talman. Cependant, notre attente nerveuse se transforme en sensation de soulagement quand nous entendons, une heure plus tard, crier la vigie :

« Cap des Trois-Pointes droit devant ! »

Le 3 juin

Comme nous avons de l'avance sur la saison, le capitaine a décidé de faire du petit commerce sur la côte de l'Or en attendant le moment de nous rendre au Dahomey, chez nos principaux fournisseurs en bois d'ébène. Cela me vaut de connaître quelques-uns des plus célèbres ports de traite de la côte de Guinée. Aujourd'hui, les affaires dans ces postes sont en perte de vitesse, les négriers préférant s'approvisionner plus à l'est, sur les côtes des Esclaves et de Bénin, et, dans le cas des Français, plus au sud en Gabon et en côte d'Angole.

Malgré cela, le commerce est toujours actif en pays ashanti, patrie du roi Oseï Tutu, dont l'empire des terres intérieures est immense. Les Ashantis, comme leurs intermédiaires, les Fantes, sont preneurs pour la verroterie, les barres de fer et de cuivre, les indiennes et, bien sûr, l'eau-de-vie. Mais le grand roi a aussi du goût pour les produits de luxe, tels la porcelaine fine, les couverts d'argent, les soieries, les eaux-de-vie et les parfums coûteux.

Nous passons devant Elmina, dont l'impressionnant château Saint-Georges est planté, bien en vue, sur un promontoire rocheux. Cette ancienne capitale de la traite a été fondée par les Portugais il y a deux siècles et demi. Mais les Hollandais s'en sont emparés il y a près de cent ans, y faisant des affaires d'or. Mes compatriotes, eux, ont construit la forteresse de Cape Coast tout près de là, pendant anglais du château de

Mina, pour rendre la politesse aux Hollandais et faire du commerce avec Stebinne qui a autorité sur la région peuplée par les Fantes.

Comme pour attester immédiatement les prévisions du bon Abe Collin, le ciel s'est soudainement éclairci et nous avons droit à nos premiers rayons de soleil depuis des semaines. Le spectacle est saisissant. En quelques minutes, tout l'équipage fait littéralement irruption sur le pont afin de s'étirer sous la lumière. On fait également sortir les nègres pour qu'ils prennent l'air, enfermés qu'ils ont été, eux aussi, pendant tout ce temps.

Nous ne descendons pas à terre chez le roi Stebinne, car, en face du village d'Anamabou, la mer est très forte. Aussi le capitaine Redgrave fait-il tirer du canon pour annoncer nos intentions, comme c'est la coutume. Des courtiers ne tardent pas à se présenter à bord de fortes pirogues et montent sur le pont pour saluer le capitaine et discuter fournitures et prix.

Il y a peu de bois d'ébène disponible, nous dit-on, mais les agents du roi ont du morfil et du bois de teinture à offrir. Le capitaine et Yambo inspectent les spécimens et s'entendent avec les courtiers sur un prix pour les bois de teinture et les dents d'éléphant, qui sont énormes et de bonne qualité. Les échantillons sont aussitôt embarqués et les pirogues sont chargées de la monnaie d'échange. Il est entendu qu'elles reviendront demain matin avec le reste de la marchandise et autant d'esclaves sains qu'il sera possible de rassembler. Le cas échéant, on discutera d'un prix pour ces derniers.

Cependant, avant que les courtiers ne repartent et pour plus de sécurité, Yambo demande que les ententes soient scellées par un serment prononcé sur un fétiche*.

Jouant le grand jeu du marchandage, les courtiers font d'abord mine d'être vexés qu'on les pense capables de tromperie. Ils se récrient, profèrent maintes exclamations outragées. Puis, pour finir, leur porte-parole lâche la formule consacrée, ce poncif que reprennent tous les courtiers africains accusés d'invention ou de fumisterie :

«Me prenez-vous pour un Blanc!?»

À leur tour, le capitaine et le lieutenant Talman prennent l'air indigné, jurant de leur bonne foi et de leur confiance. Finalement, tout le monde prête serment sur le fétiche porté par le représentant du roi Stebinne. Yambo prend un air satisfait, car on peut se fier au respect absolu d'un accord passé dans ces conditions. C'est d'ailleurs un élément stable sur toute la côte de Guinée et rares sont ceux qui braveraient la vengeance de leurs dieux en rompant un tel serment.

À la tombée du jour, une petite pirogue s'approche du *Pride* avec un seul naturel à son bord, un petit homme aux cheveux blanchis. Tout excité, à moitié nu, il sautille en répétant dans un anglais approximatif qu'il a de l'or à vendre. Notre visiteur du soir insiste pour parler au capitaine. On lui présente le lieutenant Hauduroy, qui s'apprêtait à monter souper dans la grande chambre.

La narine dilatée par la fierté, le visage fendu par un large sourire parsemé çà et là de quelques trous noirs, l'œil chassieux, le nègre brandit une petite bouteille de verre, sans doute acquise lors d'une précédente transaction. La fiole est remplie de poudre et de petites pépites d'un jaune vif, qui luisent dans les derniers feux du soleil couchant. Il doit bien y en avoir huit ou dix onces. Intéressé, le lieutenant Hauduroy examine l'or un instant, puis il monte chez le capitaine pour avoir son avis.

Il disparaît quelques instants dans l'accastillage, ce qui a pour effet d'inquiéter le petit homme qui roule des yeux affolés et se dandine nerveusement. Abe Collin lui fait servir un plein gobelet de tafia pour le réconforter. Dans l'intervalle, M. Hauduroy refait apparition, accompagné cette fois du capitaine et de Yambo. Mais seul Yambo s'adresse à l'homme; il l'a reconnu comme un membre du peuple Gê que l'on rencontre surtout un peu plus à l'est, vers Winneba et Accra :

« Où as-tu pris cet or ? Peux-tu en avoir davantage ?

— Moi peux avoir beaucoup, trois fois comme ça encore bon or jaune, répond le Gê en montrant la bouteille que le capitaine tient maintenant. Moi garder secret d'où venir, mais pouvoir apporter plus demain.

— Et que veux-tu en échange ?

— Pour tout or, dix pots eau-de-vie, plus cinquante livres cauris, plus cinq fusils avec poudre noire et plombs… et moi veux… chapeau capitaine !

— C'est beaucoup…, répond Yambo pour entamer le marchandage.

— C'est très bien, coupe le capitaine, et voici tout de suite mon chapeau », ajoute-t-il en tendant son couvre-chef.

Le Gê jubile en se le mettant de travers sur la tête, ce qui lui donne un air grotesque.

« Monsieur Collin, faites embarquer les pots d'eau-de-vie immédiatement, ordonne le capitaine. Quant au reste, tu l'auras demain en échange de l'or promis », poursuit-il à l'intention du Gê.

158

L'empressement du capitaine me surprend autant que tous ceux qui ont assisté à la transaction. Il n'est point coutume de bâcler un marché sans discuter. Mais si le passé est garant de l'avenir, demain nous réserve quelque surprise. Le capitaine Redgrave n'a jusqu'à maintenant commis aucune faute qui puisse ternir sa réputation d'intelligence et de prudence.

Bientôt, je m'allonge dans mon branle sans plus penser à cette affaire. Depuis hier, comme il n'a pas plu, il est croché sur le pont, car les nuits sont presque aussi chaudes que les journées. Le peu de fraîcheur qui tombe avec le soir suffit cependant pour chasser la brume blanche qui diffuse la lumière du soleil et masque le bleu du ciel pendant le jour. D'un noir profond, la voûte céleste grouille littéralement d'une multitude d'étoiles qui sont inconnues à un Nordique comme moi. La chaleur captive les fait scintiller comme si elles étaient vivantes. Il y en a tant qu'on pourrait croire qu'ici, dans ces contrées australes, le ciel, uniformément lumineux, est troué d'une quantité de petits points noirs…

Ce matin, les courtiers de Stebinne reviennent avec deux pirogues pleines d'un morfil d'excellente qualité. Surprenant agréablement le capitaine Redgrave, ils ont aussi rassemblé une troupe de près de cinq dizaines de nègres. Après inspection, notre médecin portugais les déclare de bonne constitution et d'excellente santé. Notre compte de bois d'ébène se porte donc à une centaine de pièces, y compris les négresses, négrillons et négrites, avant même d'avoir atteint Whydah. Dans nos magasins, il ne reste, à peu de chose près, comme monnaie d'échange, que les armes réservées pour le commerce avec Agadja.

Une fois payés, les cabécères acceptent les cadeaux que le capitaine a préparés pour leur roi. Ils sont peu nombreux, en rapport avec la modestie de la transaction, mais somptueux : un magnifique collier de corail fin d'un rouge profond et deux douzaines de mouchoirs d'Inde, brodés de fil d'argent et de minuscules lapis-lazuli. Pour s'assurer que les courtiers font la commission et ne les gardent pas pour eux-mêmes, le capitaine Redgrave offre à chacun cinq pipes de

Hollande, trois livres de cauris et un bonnet garni de dentelle… dont ils s'affublent aussitôt !

Luke le «Duke» note le tout dans son livre de comptes en marmonnant que ces derniers présents sont, selon lui, superflus et que les politesses du capitaine coûtent bien cher aux armateurs qu'il représente.

«Mettez donc cela sur mon compte personnel, Monsieur Ligon, si ça vous ennuie tant, lui dit le capitaine, impatient. Mais si vous poursuivez vos récriminations tout le long de cette campagne, il se pourrait bien qu'un de ces jours vous serviez vous-même de présent pour quelque roi auquel je voudrais jouer un mauvais tour ! »

Le subrécargue, à la fois offusqué par la menace et terrifié à la perspective de servir d'esclave à quelque nègre pour le reste de son existence, referme son livre en le claquant et se retire rapidement, tout raide. Essayant de conserver un minimum de dignité, il s'exclame, pompeux : «Je voudrais bien voir ça ! Non mais, pour qui vous prenez-vous ! Ah ! je voudrais bien voir ça ! »

Le pauvre Luke, toujours fulminant, disparaît dans ses quartiers sous les rires de l'équipage et des officiers, auxquels fait même écho celui du bon frère Repeater, dans la dunette.

Ce n'est qu'au début du deuxième quart de jour, peu après le dîner, que le vendeur d'or de la veille rapplique. Il n'y a plus dans sa pirogue que huit des pots d'eau-de-vie.

Tout l'état-major du *Pride* l'attend. Hommes de quart ou en repos se rassemblent aussi sur le pont pour assister au marchandage que tous pressentent mémorable. La précipitation du capitaine, la veille, n'a trompé que le vendeur d'or et, peut-être, le «Duke»…

Une fois à bord, le Gê salue bien bas la galerie. Toujours planté de travers sur sa tête, le chapeau du capitaine Redgrave est maintenant sali de vomissures. L'homme semble avoir trouvé l'eau-de-vie de son goût et en avoir abusé quelque peu cette nuit. Il titube comme par forte houle, ses yeux sont rougis et son haleine empeste jusqu'à nos rangs. Il réussit tout de même à aligner trois fioles pleines d'or sur une petite table dressée là sur les ordres du capitaine.

Affichant le sourire niais de l'homme aviné, il demande à Yambo en trébuchant sur chaque syllabe :

«Où être belles marchandises que toi promis pour bon or?

— Elles sont prêtes à embarquer, mon très cher ami, répond Yambo, en essayant d'imiter la grimace bienheureuse du Gê.

— Mais avant de conclure, nous allons faire une petite expérience, dit le capitaine en prenant le relais. »

Il soulève alors le couvercle d'une cassette et en sort la fiole de la veille qu'il pose sur la table à côté des trois autres. Il y aligne ensuite une balance, un creuset de verre épais et une bouteille d'eau-forte*. Il pèse enfin une demi-once d'or qu'il renverse sur un morceau de fort parchemin.

Fouillant dans le petit monticule de poussière précieuse, il en retire un bon nombre de grosses boules dorées qui, mélangées à la poudre d'or, passaient pour des pépites du métal précieux, mais que tous reconnaissent maintenant pour être des têtes d'épingle de cuivre jaune. Un murmure passe dans l'assistance et le Gê, roulant tout à coup des yeux apeurés, fait mine de reculer. Le petit homme est aussitôt saisi par le gros Abe Collin qui le maintient fermement.

« Et maintenant, un peu d'alchimie », poursuit le capitaine.

La poudre est mise dans le creuset, arrosée d'eau-forte et remuée avec une baguette de verre. Au bout de quelques instants, le capitaine retire ce qui reste du creuset et le sèche rapidement sur le parchemin avant de le peser.

«Et voilà, coquin! Ton bel or est composé aux deux tiers de matières sans valeur. Je me vois donc dans l'obligation de me saisir de toi comme esclave en paiement des dix pots d'eau-de-vie que tu m'as escroqués hier».

À ces mots, complètement dessoûlé, le Gê se jette à genoux. Le bras tordu par M. Collin qui n'a pas relâché sa prise, il gémit:

«Pitié pour moi, grand capitaine, ne me prends pas. Je ferais mauvais esclave. Je te donne tout l'or d'hier et tu peux reprendre ton eau-de-vie.

— Cela ne me suffit pas, mais je suis bon prince et je t'offre la possibilité de racheter ta liberté immédiatement. Il y a quand même sur cette table l'équivalent d'une pleine fiole d'or. Tu m'objecteras qu'une vipère de ton espèce ne vaut pas autant, mais c'est le prix que tu dois donner à ta liberté. Disons que l'excédent servira de dommages exemplaires, quoique je ne sois pas persuadé que cela t'incite à te réformer. Remarque que j'aurais pu garder l'or et toi avec, mais je tiens à ma réputation.

— Oui, oui! Prends tout l'or pour ma liberté, prends eau-de-vie. Merci! Toi grand capitaine! Merci! Toi grand prince, grand cabécère. Moi dire à tout le monde, moi baise tes pieds, merci…»

Sur l'ordre du lieutenant Hauduroy, nous récupérons les pots d'eau-de-vie dans la pirogue. Puis, au moment ou le Gê va y prendre place et repartir, le capitaine Redgrave l'interpelle :

«Dis-donc, coquin! N'oublies-tu pas quelque chose? »

Le pauvre homme qui avait déjà retrouvé le goût de la liberté se retourne, effaré, croyant être pris de nouveau en défaut mais sans savoir pourquoi. Le bras toujours pris dans l'étau de la grosse patte d'Abe Collin, il se fige, ses jambes seules flageolent de façon incontrôlable.

«Et mon couvre-chef, croyais-tu que je te le laisserais? »

Trop content, le Gê arrache aussitôt le chapeau de son crâne et le tend à M. Collin.

«Non, merci grand capitaine. Moi rendre chapeau aussi. Cent fois merci!

— Allez, quitte ce navire et qu'on ne t'y reprenne plus. Et vous, Monsieur Collin, faites-moi nettoyer ce chapeau. Mais avant, donnez trois de ces pots que nous avons récupérés à l'équipage. Qu'il prenne un verre à la santé de ce rusé commerçant, puisque c'est lui qui régale. »

La pirogue du Gê n'est déjà plus qu'un point noir près de la côte quand nous débouchons le premier pot. Les « Hurrah ! » fusent de toutes parts.

« Est bien pris qui croyait prendre ! s'écrie M. Collin, tout fier de son capitaine. Cinq pots d'eau-de-vie pour tout près d'une livre d'or, quel homme que M. Redgrave, c'est le meilleur ! » poursuit le bon Abe, béat d'admiration.

Et tous opinent. Pour ma part, je n'ai connu qu'un seul capitaine de négrier, mais je n'en suis pas moins sûr d'être tombé sur… le meilleur !

10

ENFIN A TERRE

Le 7 juin

Au départ d'Anamabou, nous doublons le fort anglais de Winneba qui est soumis à l'autorité africaine de la reine d'Agona.
La seule souveraine de la côte est capri-
cieuse et imbue de sa puissance. Présageant
un panier de crabes, le capitaine répugne à
s'y arrêter. Mais Yambo insiste. La dame,
célibataire, est grande amateure de forts et
beaux hommes qu'elle achète et dont elle

use à son goût comme amants avant d'en changer, ce qu'elle fait à bon rythme. Ce qui fait qu'elle à régulièrement à offrir des spécimens exceptionnels à des prix avantageux. En contactant directement l'agent de la reine plutôt que de passer par le cabécère anglais du fort, on pourrait conclure un marché profitable.

Nous faisons donc demi-tour et jetons l'ancre près de la côte, plus accessible qu'à notre dernier arrêt. Le courtier de la reine, le Mafouc, se charge des tractations pour sa souveraine. Elles sont interminables et compliquées. De plus, le « ministre du commerce » est très porté sur les sacrifices qu'il offre libéralement à ses dieux tutélaires. D'un habile coup de sabre, il fait sauter des têtes en toutes occasions comme un Anglais soulèverait son chapeau pour saluer.

Ici, douze têtes sont tranchées sur sa pirogue et jetées aux requins pour amadouer le dieu de la barre ; là, deux autres roulent sur le pont du *Pride* pour honorer le capitaine et entamer les pourparlers commerciaux. Pour alimenter ses continuelles offrandes, il est entouré d'esclaves qu'il choisit vieux ou malades de façon à éviter tout gaspillage.

En outre, le pays est infesté de moustiques dont les nuées nous harcèlent et nous déchiquettent le corps à longueur de nuit. Notre proximité de la terre leur rend nos tendres chairs accessibles. Comble de misère, le temps s'est encore alourdi et les nuits sont maintenant aussi suffocantes que les journées. Dix jours se passent ainsi et c'est sans regret que nous quittons l'endroit... délivrés d'avoir à passer le plus clair de notre temps à rincer le pont ensanglanté par le fait des nombreuses «politesses» du Mafouc. Mais si le séjour a été long et pénible, nous avons effectivement fait l'acquisition de vingt-sept pièces d'Inde de première qualité.

Le 17 juin

Nous arrivons à destination, le golfe de Bénin, et à notre principal port de traite : Whydah. Les côtes de Bénin, couvertes de mangroves et de marécages, ont acquis une funeste réputation auprès des Européens. Cette région est surtout connue des négriers comme le royaume de la maladie et de la mort et le moral de l'équipage est au plus bas.

Depuis quelques jours, pendant les quarts, s'élève une chanson dont les phrasés, repris en écho dans le gréement, n'ont rien de rassurant :

« Attention ! prenez garde
Aux côtes de Bénin ;
Car peu sont repartis
Du nombre qui y vint… »

Mais le capitaine semble confiant que nous chargerons toute notre cargaison ici, ce qui nous éviterait d'avoir à pousser au-delà de Lagos où le climat devient vraiment malsain. Ce qui fait que c'est pleins d'espoir que nous jetons l'ancre peu après la rivière Popo. Des baraquements sur la côte nous informent de l'emplacement du point d'atterrissage, car Whydah se trouve à environ deux milles à l'intérieur des terres.

Une fois le canon tiré sur l'ordre du capitaine, l'enseigne Dampier fait charger la chaloupe d'échantillons. Ces marchandises serviront aux évaluations et comme présents pour les émissaires du roi Agadja. Un premier contingent de matelots monte aussi à bord de l'embarcation, qui s'éloigne lentement du *Pride*.

De leur côté, les autorités portuaires ont aussitôt mis des pirogues à l'eau pour guider la chaloupe au passage de la barre. En plus, depuis que les Dahomeys ont conquis les villes d'Aradas et de Whydah, aucun Blanc ne peut plus circuler sur leur territoire sans être sous l'étroite surveillance d'un représentant d'Agadja.

Le petit royaume de cet ambitieux souverain est coincé entre les deux grandes puissances des Ashantis, à l'ouest, et des Yorubas d'Oyo, à l'est. Or, depuis quelques années, Agadja mène une guerre de conquête féroce. Après avoir rallié au Dahomey tous les Fons, ethnie à laquelle il appartient, il a soumis les groupes yorubas vivant sur son territoire. Avec Whydah, il s'est donné un accès direct à la mer et aux vendeurs d'armes blancs, ce que n'ont pas ses puissants voisins, qui dépendent encore pour cela du commerce avec les peuples riverains.

Car Agadja ne fait pas dans la dentelle et la porcelaine fine. Tout ce qui l'intéresse ce sont les bons fusils, la poudre et le plomb en quantité. En munissant chacun de ses guerriers d'une arme de qualité, il espère affronter bientôt ses voisins, plus nombreux, mais moins bien équipés.

Après quelques heures, le capitaine et son état-major prennent place à bord du canot pour se rendre à terre. Ils vont rencontrer le vice-roi Zunglar, qu'on appelle aussi le yevogan*, sa suite et une escorte armée venus les accueillir. Le lieu de réception des visiteurs, dit l'Arbre du Capitaine, est situé à l'extérieur de la ville.

Agadja, monarque jaloux et qui a un profond mépris pour les étrangers, veut éviter le plus possible à son peuple le contact avec les négriers. Aussi a-t-il voulu que les anciens courtiers yorubas conservent leur fonction d'intermédiaire avec les cabécères blancs qu'ils ont l'habitude de fréquenter.

Avec sa population à majorité yoruba, son vice-roi et ses fonctionnaires fons nommés par un lointain roi, Whydah a tous les airs d'une ville coloniale, comme celles des Blancs.

Elle possède trois comptoirs européens : un portugais, un français et un anglais, ayant chacun sa factorerie* entourée d'une colonie indigène. Cela forme de véritables quartiers qui ont à leur tête un Blanc exerçant l'office de gouverneur. Cependant, comme ceux-ci sont nommés par le roi, ils deviennent des «hommes du roi». Ils sont donc tenus de veiller à ses intérêts et à la sauvegarde de ses clients. D'ailleurs, le vice-roi est en poste pour voir à ce que cabécères et gouverneurs se comportent toujours loyalement et selon les règles édictées par le monarque.

172

Comme il est très tôt dans la saison, nous sommes les seuls commerçants blancs en ville et l'activité est au ralenti dans les comptoirs.

Nos officiers passent le reste de la journée, la soirée et une partie de la nuit en discussion avec les autorités de la ville. Mais cela tient plus de la forme que du fond, puisque les prix sont fixés par la loi locale et que les règlements d'échange sont assez stricts. Cela n'empêchera pas nos traiteurs de tenter de modifier les tarifs à leur avantage. Exceptionnellement, le roi Agadja a permis au capitaine Redgrave et à son état-major de négocier eux-mêmes directement avec les courtiers yorubas, sans leur imposer l'intermédiaire obligé et habituel d'un cabécère du comptoir anglais !

Les naturels raffolent de ces palabres interminables. Elles prennent pour eux des couleurs de rituel, alors qu'elles mettent à bout les traiteurs blancs inexpérimentés. Une fois le marché conclu, il y a serment sur les fétiches, pour attirer le mauvais sort sur ceux qui voudraient trahir ces ententes. Pour conclure, on ripaille pendant un temps équivalent à celui qu'ont duré les tractations.

Par contre, rien ne garantit qu'au lendemain de la fête, le vice-roi, ou le chacha*, se levant d'humeur facétieuse, ne revienne sur l'entente de la veille pour que les palabres reprennent. Alors, il faut repartir de zéro et discuter encore toute une journée…

Mais, dans notre cas, tout est mené rondement, car le capitaine Redgrave possède ici un statut bien particulier.

Le 20 juin

Tel que prévu, les formalités et autres courtoisies se sont terminées rapidement. Les accords ont été conclus en seulement deux jours. Les armes, les munitions et les autres marchandises, d'abord remisées dans les hangars de la plage, seront à partir de là acheminées aux factoreries par des porteurs locaux.

Vers midi, une longue pirogue de guerre accoste le *Pride*. Elle a à son bord une garde d'honneur formée d'une trentaine de magnifiques guerriers tous vêtus des mêmes tenues flamboyantes. Deux d'entre eux portent en plus des insignes de distinction : des officiers, de toute évidence. C'est un détachement de la fameuse force d'élite du roi. On dit de ce corps, ainsi que de la garde personnelle d'Agadja, qu'ils sont formés exclusivement de jeunes puceaux chasseurs d'éléphants. Ce dernier attribut est un gage de l'habileté, de la force et du courage du soldat. Quant à la première modalité, elle garantit au roi que la loyauté de ses guerriers ne risque pas d'être détournée de son service : n'ayant pas connu les plaisirs de l'amour, les jeunes hommes sont moins susceptibles d'être distraits de leur devoir par l'appât de l'autre sexe.

Tandis que le reste des soldats prend le garde-à-vous dans l'embarcation, le regard droit et porté loin devant eux, les deux «officiers» sautent sur le pont. L'un d'eux, après avoir salué, s'adresse à M. Hauduroy, le deuxième lieutenant, qui monte aussitôt à la grande chambre quérir le capitaine.

Je m'approche un peu des nouveaux arrivants. Aucun ne fait même mine de vouloir jeter un coup d'œil aux hommes blancs qui sont tout autour d'eux et dont ils n'ont jamais vu un spécimen. On ne peut qu'admirer leur stature imposante, leur vitalité et la superbe qu'ils affichent. On dirait tous autant de Yambo ! Aussi, quel n'est pas mon étonnement quand je vois les deux fiers officiers se jeter à genoux devant le capitaine. Mais ce dernier, plein de bonhomie, les encourage aussitôt à se relever et commence à s'entretenir amicalement avec eux.

Ils lui apprennent, dans un anglais approximatif mais compréhensible, que «le grand roi parmi les rois, puissant parmi les puissants, Agadja, le magnifique adja* de Dahomey», ordonne au capitaine Redgrave, seul Blanc à avoir contemplé la face du «brillantissime et glorieux monarque», de se présenter devant lui dans les plus brefs délais.

L'«illustrissime adja de Dahomey» entend divertir le capitaine et ses premiers officiers dans son palais d'Abomey, la capitale, pendant que les meilleurs esclaves du pays seront amenés des contrées de l'intérieur pour sa cargaison. Le courtier que le capitaine aura chargé de commercer en son nom l'accompagnera pendant la première partie du voyage. Avec sa suite, et accompagné d'agents du roi, ce courtier aura la permission de séjourner au palais d'Aradas. C'est là que les esclaves choisis à travers tout le pays par des agents du roi seront réunis avant d'être acheminés vers Whydah. Le courtier du *Pride* y attendra le retour du capitaine Redgrave. Le reste de l'équipage sera accueilli tout ce temps à Whydah et, exceptionnellement, l'ensemble des hommes du *Pride* aura libre accès aux vivres et aux autres denrées du grand marché. Tout cela, aux frais du roi.

Le capitaine ne peut s'empêcher d'afficher une mine épanouie, non plus qu'il n'a pu se retenir de rosir de plaisir en entendant le discours des envoyés royaux. Tous ces honneurs de la part du plus terrible et du plus inapprochable des souverains de la côte de Guinée, voilà une façon éclatante de terminer sa carrière. D'autant qu'il sait très bien que tous ces privilèges lui sont octroyés en reconnaissance de la diplomatie remarquable dont il a fait preuve avec Agadja il y a deux ans, les circonstances de leur première rencontre n'ayant pas été des plus propices.

Simon m'en avait raconté les grandes lignes.

Quand, deux ans plus tôt, le *Pride* avait jeté l'ancre devant Whydah, c'est un spectacle de désolation qui s'était offert aux yeux de son équipage. La ville venait d'être prise par les Dahomeys. La campagne, jusqu'à la plage, était couverte d'ossements proprement curés par les fourmis fouisseuses. Au camp du roi, on pouvait voir des têtes de morts pareillement nettoyées, empilées en pyramides. Les guerriers vainqueurs arboraient des colliers faits avec les dents des vaincus.

Le roi de Whydah, la garde armée de la ville, ainsi que la plupart de ceux qui avaient fait mine d'opposer quelque résistance aux troupes d'Agadja avaient été froidement et systématiquement exterminés. Le reste avait été mis en esclavage. Mais, pour la grande majorité qui s'était soumise, la vie avait continué comme si de rien n'était. Ils avaient simplement transféré leur allégeance au roi fon du Dahomey. Comme c'était la politique habituelle de cet État, les territoires «intégrés» au royaume conservaient leurs coutumes et même leurs traditions administratives. En échange, ils se soumettaient à l'autorité d'Agadja et devenaient, dès ce moment, les gardiens vigilants de ses intérêts.

Quant au capitaine Redgrave, Agadja avait eu la curiosité de le voir et de lui parler, même si une loi non dite voulait que l'adja de Dahomey fût fétiche et que son visage fût tabou aux yeux des Blancs. Bien que croyant, Agadja avait plus de sens pratique que de dévotion. La réputation de Redgrave était parvenue à ses oreilles et il comptait sur le capitaine pour rassurer le milieu négrier au sujet de la prise de Whydah et faire de la réclame pour la nouvelle administration du poste de traite et ses nouveaux règlements.

Le capitaine s'était fait un point d'honneur de loyalement s'acquitter de cette tâche et le roi, de son côté, avait tenu ses promesses : faire prospérer le commerce, empêcher les abus et les vols ainsi que protéger les Européens qui viendraient dans son pays. Whydah était devenu un des comptoirs les plus sûrs et les plus réglementés.

Tout cela avait renforcé le statut particulier du capitaine aux yeux des Dahomeys. Même si Agadja lui-même n'était pas dupe, son peuple considérait maintenant le capitaine Redgrave comme un faux Blanc, un Dahomey qui aurait pâli au contact continuel des Blancs…

11

CHEZ L'AUTRE...

Le 25 juin

Me voilà à Aradas, ville yoruba qui a naguère subi le même sort que Whydah. C'est un vaste village dont les rues de terre et les habitations aux murs de torchis forment comme une immense tonsure brun-rouge au milieu du vert chevelu de la grande forêt. L'espace de la ville est couvert de constructions et si on n'y a conservé aucune végétation, c'est pour des raisons esthétiques, me dit-on. Au centre de la ville, au dessin concentrique, en plus d'une grande place se trouve l'ancien palais des rois d'Aradas.

C'est là que nous séjournons avec les courtiers de Whydah ainsi qu'une garde armée fournie par le roi pour notre protection, paraît-il… Logent aussi avec nous nos «anges gardiens». Car bien que nous fussions techniquement libres, aucun de nous ne fait un pas sans être accompagné par un villageois qu'on lui a personnellement affecté. Mon familier se nomme Salambo. Je devine qu'il a à peu près mon âge, malgré qu'il soit plus grand, plus élancé que moi. Il a cette prestance qu'ont les naturels qui sont de famille noble ou aisée. Pourtant, bien que discret jusqu'à maintenant, il est très affable avec moi. Il n'affecte pas, par exemple, l'air hautain ou méprisant que certains se permettent à l'égard des Blancs.

À Abomey, le capitaine a amené l'enseigne, le pilote et Walt Cotswold, le maître armurier, pour expliquer aux Dahomeys le maniement de certains nouveaux modèles d'armes à feu. George Wafer, le maître queux, les a aussi suivis, le capitaine voulant faire tâter d'un peu de cuisine occidentale à Agadja.

Ici, à Aradas, la suite du lieutenant Talman se compose de douze personnes. À part moi, il y a le docteur Gil, évidemment, qui est là pour tester la marchandise ; Abe Collin, le maître d'équipage ; Oliver Jones, le maître charpentier et sept autres marins et mousses. Le capitaine a aussi obligé le lieutenant à prendre Luke « The Duke » avec lui. Mais il semble avoir mis les choses au clair quant à leurs rôles respectifs. Il s'est enfermé avec eux pendant une bonne demi-heure dans la grande chambre pour leur donner ses instructions.

Quant au reste de l'équipage, ils ont formé deux groupes sous l'autorité du lieutenant Hauduroy. Ils se relaieront tous les trois jours entre Whydah et le rivage, où ils devront monter la garde. Car notre cargaison a été débarquée pour être entreposée dans des baracons*, construits pour cet usage sur la plage. Ils s'y délieront les membres, plus à l'aise que sur le bateau, et y seront au grand air pendant toute la durée de notre séjour ici. Au fur et à mesure de nos achats, les lots supplémentaires seront conduits là-bas jusqu'à ce que le chargement soit complété. Soit environ trois cents individus.

Le 1er juillet

Voilà cinq jours que les convois d'esclaves ont commencé d'arriver. Le lieutenant Talman a fixé un quota à deux cents et nous en avons déjà acquis plus des deux tiers. Ce matin, peu avant le dîner, un convoi d'une vingtaine de naturels est arrivé dans la grande cour du palais.

Cela se déroule toujours de la même façon. On procède au transport par petites caravanes. Les dix, vingt ou trente esclaves sont conduits par trois à cinq gardes équipés de fusils et de chicotes*. Ils ont les poignets attachés, les jambes suffisamment entravées pour qu'ils ne puissent pas courir et ils sont liés les uns aux autres par une corde.

Depuis le début, ils se sont révélés pour la plupart d'excellents sujets. M. Gil n'en a rejeté que très peu, soit en raison d'un pian trop avancé, d'une fièvre ou d'une fluxion de poitrine, soit à cause d'un mal caduc qu'une crise a révélé chez un nègre quelque temps après son arrivée. On garde chaque caravane isolée quelques jours, sous surveillance dans les entrepôts du palais. Puis on les marque et on les fait convoyer jusqu'aux

184

baracons de la plage de Whydah, avec le reste de la cargaison.

Trois autres nègres ont été rejetés, mais, cette fois, par le lieutenant Talman. Digne de son capitaine, le lieutenant n'est pas facile à mener en bateau... Ces nègres présentaient pourtant tous les signes de la santé et même de la vigueur. Toutefois, en plus de ces marques engageantes, nos trois lascars arboraient aussi des éraflures fraîches sur les épaules : la marque des «bois mayombe». Il s'agit d'une longue fourche de bois que l'on fixe au cou des plus récalcitrants, en guise de châtiment disciplinaire et pour qu'ils se laissent mener docilement. Or, on comprendra que des sujets assez rebelles pour qu'on soit obligé de les enfourcher pendant la caravane représenteraient un réel danger à bord, lors de la longue traversée.

Les esclaves retenus sont marqués et j'assiste le médecin dans cette opération. Cette pratique est une assurance contre les substitutions frauduleuses ou les tentatives de ventes répétées d'un même sujet... car cela s'est déjà vu ! M. Gil fait d'abord chauffer une lamelle d'argent portant les initiales du capitaine. Ensuite, il l'applique soit sur la poitrine soit sur l'épaule, à travers un papier huilé que je tiens étalé bien à plat sur la peau. Cela provoque une boursouflure fort visible et qui subsistera quelques semaines, le temps que toute la cargaison soit à bord et en chemin pour le Nouveau Monde. Pour les femmes et les enfants, on chauffe un peu moins, car ils sont d'une nature plus délicate, me dit M. Gil. Les nègres qui se trouvaient à bord au moment de notre arrivée ici avaient tous été marqués de la sorte au fur et à mesure de leur acquisition.

Salambo, qui ne me quitte pas d'une semelle, a observé toute l'opération en me jetant des regards sévères. C'est sûr que je ne raffole pas de cette tâche, mais il faut bien que quelqu'un la fasse. Et puis, ce n'est pas si terrible, ce n'est qu'une légère brûlure. D'ailleurs, la plupart des hommes ainsi marqués ne crient même pas de douleur, c'est tout juste si leurs yeux se remplissent d'eau.

Depuis notre arrivée, nos repas sont composés d'excellentes nourritures. Ce midi, on nous sert l'habituel *fufu*, une purée épaisse faite de manioc, de plantains et d'ignames pilés et mélangés. Pour le garnir, aujourd'hui, nous avons droit à la chair blanche et tendre d'un énorme rat des cannes rôti, d'escargots géants sautés à l'huile de palme et d'un succulent ragoût d'écureuil volant et de lézard. Ce dernier n'a rien à envier au crocodile en sauce piquante de la veille, que nous avions pourtant pris pour le fin du fin! Le tout est arrosé de vin de palme ou de jus de papaye et de canne. Le soir, on mange plus léger, se contentant de fruits, de quelque volaille ou d'antilope naine grillée et de cassaves, sorte de galettes faites à base de farine de manioc.

Après dîner, comme tous les après-midi, je pars en excursion. Les trois premiers jours, j'ai exploré la ville avec Salambo, mais depuis, je passe mon temps libre dans la forêt géante. J'y entraîne chaque jour mon familier, sans qui je n'oserais pas y mettre les pieds. Quand je pense que le moindre petit boisé d'Angleterre me plongeait dans l'effroi... Ici, le fût des arbres les plus hauts a bien cent pieds! Leur frondaison forme un dais presque continu à travers lequel ne passe qu'une lumière diffuse. D'autres arbres et arbustes poussent à des hauteurs différentes, formant des forêts sous la forêt. J'ai retrouvé ici les câbles qui m'avaient tant effrayé à Saint-Vincent. Ce sont des lianes, m'a expliqué Salambo, des plantes qui accrochent leurs racines aux branches des arbres. D'ailleurs, dans les forêts de Guinée, une plante sur deux se sert de sa voisine, au moins comme support, au pire pour vivre à ses dépens. Enfin, au rez-de-chaussée, on retrouve les fougères et toutes sortes de plantes et d'arbustes, cultivés et sauvages.

Quant aux bêtes, je ne suis pas bien sûr que Noé ait reçu l'autorisation d'embarquer des spécimens de tous les monstres qui peuplent ces contrées. L'une d'elles, le hyrax, vit dans les arbres, tout en étant un cousin de l'éléphant, mais avec la taille d'un lapin. Par ailleurs paisible, il pousse à tout moment un cri effroyable qui vous glace le sang. C'est une série rapide de «COU! COU! COU!» gutturaux, qui se transforment, sur la fin du cri, en hurlements stridents et ponctués résonnant dans les bois à des milles à la ronde. Les singes de toutes sortes abondent, chacun vivant à son étage de la forêt. Des serpents, étrangleurs et venimeux, on ne compte plus les variétés, dont le python des roches, qui mesure jusqu'à plus de trente pieds, et le mamba vert, dont le venin vous expédie en enfer quelques secondes après sa morsure! Plus encore, l'antilope bleue des forêts le dispute en étrangeté au rat des cannes, car pour le même poids, une vingtaine de livres, la première est une naine alors que ce dernier est un géant. Enfin, à part l'éléphant, le léopard ou le crocodile à long bec, que l'on ne rencontre que si on court après, j'ai vu des hippopotames nains, des fourmiliers recouverts d'écailles, accrochés aux arbres par leur longue queue de lézard, et partout, mais partout et en quantités innombrables, des fourmis de toutes couleurs. Les fouisseuses, d'un brun rougeâtre, sont les plus impressionnantes. J'ai vu, de mes yeux vu, un python de quinze pieds engloutir laborieusement une gazelle après lui avoir cassé le dos en se laissant tomber d'une branche sur elle. Or celui-ci, trop alourdi pour s'échapper, fut lui-même dévoré en moins d'une heure par des milliers de fourmis fouisseuses.

Les autres jours, j'étais accompagné de quelques compagnons – en plus de nos anges gardiens, bien sûr ! Mais la forêt autour de la ville est relativement sûre ; aussi, cette fois, Salambo et moi sommes partis seuls. Je m'habitue à sa présence, le trouvant plutôt sympathique. Il répond à toutes mes questions et me montre volontiers ce qui m'échappe à première vue. Et puis, même si ses regards semblent me juger à certains moments, jamais il ne me fait de reproches, se contentant de me donner son avis sur ce dont nous discutons.

Car il tient conversation sur une foule de sujets avec une cohérence qui me fait parfois envie. Fils d'un commerçant yoruba de Whydah, il a travaillé avec les cabécères blancs des factoreries française et anglaise. Il y a appris les deux langues et, en ce qui concerne l'anglais, il le parle aussi bien que moi… En fait, si son accent est marqué, son vocabulaire et ses tournures de phrase sont meilleurs que les miens. Je pense soudain que je m'en ferais probablement un ami s'il était blanc.

Mais cette pensée me laisse mal à l'aise… Est-ce parce qu'il me répugnerait de fréquenter plus intimement quelqu'un qui n'est pas de ma race? Ou, au contraire, est-ce parce que je trouve injuste cette pensée, que je me sens coupable de l'avoir eue?

« Regarde, Robin, l'oko, l'arbre magique! s'écrie Salambo, me libérant du même coup de mes pensées confuses.

— Lequel est-ce? Cet arbre bas, dont les branches s'étalent à n'en plus finir?

— C'est bien ça! Ses feuilles et son écorce agissent pour annuler les mauvais sorts ou pour les retourner contre le jeteur. Installe-toi sous les branches, que je te montre. »

À ma requête, Salambo m'a déjà parlé de sa religion. Chez nous, tous les rites sacrés ne servent, au bout du compte, qu'à préparer notre mort; alors qu'ici, ils semblent jouer un rôle concret dans la vie de tous les jours. Il existe plusieurs dieux, des *Vodûs*, comme on dit dans la langue du pays; ils sont représentés dans le monde matériel par des fétiches. Un bon exemple de ces fétiches est le python sacré, qui incarne à la fois les esprits des eaux, de la fertilité, de la sagesse et de la guerre. Du côté des humains, il y a d'abord le *houngan*, une sorte de prêtre qui sert d'intermédiaire quand quelqu'un a une requête à faire au *Vodû*. Pour ce qui est de la réponse du *Vodû*, c'est différent : on doit dans ce cas recourir à la *mambo*, la pythie qui répond au *houngan*. Tout cela est assez compliqué pour moi et puis, certaines pratiques rappellent celles des guérisseuses de chez nous, que l'on grillait encore allègrement sur des bûchers il n'y a pas si longtemps...

Mais je suis maintenant sous l'oko, dont les branches sont percées d'une quantité de petits trous. Resté un peu à l'écart, Salambo continue de parler des vertus de l'arbre et me regarde d'un air malicieux. Tout à coup, je ressens un élancement pointu et profond sur mon épaule, puis un autre dans mon cou, et un autre, et encore ! Je ne sais plus ce qui m'arrive. Salambo a-t-il utilisé les pouvoirs de l'oko pour me jeter un sort ? Est-ce ma punition pour le marquage, ou même pour mes pensées méprisantes ? Affolé, je me mets à tourner sur moi-même comme une toupie, me frottant le haut du corps sans résultat.

«Salambo! aide-moi, je t'en supplie!»

Salambo m'entraîne en riant hors de la portée des branches.

«Allons, petit Blanc sans défense, ne crains rien, c'est fini, dit-il. Regarde!»

Et plaçant ses doigts en pince, mon compagnon prélève une vorace fourmi noire accrochée à ma nuque. Finissant d'enlever les grouillantes bestioles qui restaient, il poursuit :

«Je voulais te montrer comment deux êtres vivants, bien plus différents que toi et moi, peuvent mettre leurs talents en commun et vivre mieux que s'ils étaient seuls, chacun de leur côté. L'oko, dont les branches sont creuses et percées d'orifices, offre un abri pratique et sûr aux fourmis noires. Son feuillage et son écorce attirent une multitude de parasites dont les fourmis gourmandes se repaissent. En échange, elles protègent l'arbre contre l'envahissement de ces vermines. Elles ne craignent pas non plus, comme tu as pu le voir, de s'attaquer à tout ce qui reste plus que quelques secondes sous les branches, peu importe sa grosseur, et qui pourrait constituer une menace pour leur maison.

«Oh, j'oubliais! Les feuilles et l'écorce de l'oko sont vraiment utilisées par les houngans pour éloigner les sorts… Et ne crains rien, la douleur des piqûres ne durera que quelques jours, juste assez pour que tu te rappelles la leçon quand tu auras quitté Aradas. »

Je n'ose pas me fâcher contre Salambo. Bien que blessante à tous points de vue, la leçon est édifiante. Si une plante et un insecte peuvent s'entendre aussi admirablement, comment se fait-il que des êtres doués d'esprit et d'intelligence n'y réussissent pas ? Cela vient-il seulement de l'habitude de vivre ou de ne pas vivre ensemble ? Ou bien le secret est-il dans le fait d'écouter l'autre, de faire en sorte de le comprendre ?

Si je me rends compte aujourd'hui que Salambo est mon égal, c'est parce que, comme Yambo, il me l'a montré avec mes mots et mes idées. Ceux qui n'ont parlé devant moi que leur langue, ceux dont je ne pouvais comprendre ni la raison ni le but des actions, ceux-là je les ai jugés si différents de moi, si étrangers à moi qu'en fait, je les ai considérés comme des sauvages. Quand je pense que Salambo parle trois langues de façon plus aisée que je ne m'exprime dans la seule que je connaisse…

J'ai encore tant de choses à apprendre… et si peu d'esprit, il me semble. Tout m'est pénible à comprendre. Je ne crois pas être obtus, mais je ne suis pas exercé à la réflexion. Et on dirait parfois qu'il faut que j'aie le nez sur quelque chose pour admettre qu'elle existe.

Salambo m'annonce qu'il est temps de rentrer au village. C'est vrai que, sous ces latitudes, la nuit tombe comme un rideau d'opéra ; et elle ne saurait plus tarder.

« Mais je veux que tu me conduises à la rivière avant le retour, protesté-je. Peut-être y verrons-nous un croco aujourd'hui, ou alors un de ces hippopotames qui ressemblent à des avortons de cent livres.

— Je veux bien, mais sois prudent. Plus nous sommes près de l'eau, plus la végétation est serrée et plus il faut être attentif à ce qu'elle peut abriter. »

En m'approchant, je discerne le glissement sourd de l'eau qui se mêle au chant de centaines de grenouilles.

« Les grenouilles dorées ! » m'écrié-je, tout excité.

Salambo m'a déjà parlé d'elles et de leur manière de s'accrocher en grappes, par centaines, aux tiges des herbes et aux branches des arbres tout le long des berges pour pousser leur chant d'amour. Ce manège dure toute la nuit, mais il débute au coucher du soleil. Dans la demi-obscurité, alors que les derniers rayons de lumière s'accrochent à leur peau luisante, on dirait qu'un *houngan* a accroché d'innombrables et lumineuses idoles d'or aux arbres de la forêt. Ce rare spectacle tient du prodige, m'avait dit Salambo, aussi je me précipite sans attendre mon ange gardien.

Mal m'en prend. À peine me suis-je engagé dans les fourrés qui bordent la rivière qu'une douleur violente me vrille le mollet. Au moment où je me penche pour saisir ma jambe à deux mains, je me fige de terreur. La bête est là, immobile, à deux pieds de mon visage : deux yeux jaunes et brillants, au milieu d'une horrible petite face noire, triangulaire, surmontée de cornes. C'est l'image même du démon.

«Au secours ! Salambo ! » hurlé-je.

Je ne peux toujours pas bouger. Par centaines, les grenouilles brillent d'une lueur dorée, comme des lampions suspendus dans les airs. Je m'attache à cette image pour oublier ma peur. Je vais crier encore, mais mon compagnon qui m'a rejoint me couvre la bouche de sa main.

«Pas un bruit, pas un geste», souffle-t-il.

Voyant que le serpent est encore là, il saisit doucement une branche morte et, d'un geste vif, il rejette l'animal au milieu de la rivière.

« C'était une vipère rhinocéros. Pour tout de suite, il faut ouvrir une plaie à l'endroit de la morsure, ensuite le *houngan* s'occupera de toi… »

Je tombe assis. Le son de la voix de Salambo s'estompe et mon corps s'engourdit. Je vois le couteau entrer dans ma chair, mais je ne sens rien. Puis Salambo se penche et se met à sucer mon sang, à petits traits qu'il recrache au fur et à mesure. Tout se passe si lentement… de plus en plus lentement… Je suffoque.

C'est Salambo qui m'a tendu un autre piège… C'est un dangereux sorcier… Ma vue s'embrouille et l'obscurité s'installe, petit à petit…. Mais, mais la nuit ne devait-elle pas tomber tout d'un coup ? Je suis en train de mourir, alors… Oui, je glisse dans le néant… et il est parsemé de milliers de lumières dorées.

ÉPILOGUE

Le 4 juillet

J'entrouvre les yeux ; les lumières d'or ont disparu. Ma vue est encore brouillée, mais je distingue une face, suspendue devant moi ?

C'est le serpent !

Mais non... je suis mort déjà. Et cette face n'est pas assez laide pour appartenir à un démon, alors ce doit être le visage d'un ange. Pourtant, il a un air familier...

C'est Stephen! Ce qui veut dire que je suis au paradis; «Saint» Stephen n'aurait pas pu se retrouver en enfer, dévot comme il l'était.

Et ce mouvement? Cela ressemble au roulis d'un navire; nous flottons dans les nuages. Oui, c'est bien le paradis! Pas seulement à cause de la présence de Stephen, mais j'entends aussi des anges, qui chantent et grattent les cordes de leur harpe. Sauf que le décor est plutôt banal: une étroite cabane de bois où il fait sombre. Et puis, pourquoi suis-je couché? Et cette faim de loup? On m'avait dit qu'on n'avait plus jamais faim ni soif, ici...

«Tenez vot' partenaire par la taille
Faites-la tourner comme une toupie
Grattez-vous l'dos, donnez-vous la
*   main*
Tout l'monde balance, tout l'monde
*   danse!»*

Mais, c'est la voix criarde du frère Repeater! Et cette musique, c'est le violon de Bob Walsh! Ce coqueron, c'est l'infirmerie du bateau!

«Je suis vivant! Je suis vivant!

— Oui, tu es vivant, reprend Stephen. Et on peut dire que tu l'as échappé belle.

N'eût été de ce naturel qui te suivait partout, tu serais en enfer à présent. »

Ma vue s'éclaircit davantage et je reconnais enfin «Long» Simon... Ma «résurrection» n'a malheureusement pas entraîné celle de Stephen.

«Salambo, dis-tu! Il a essayé de me tuer, il m'a planté un couteau dans la jambe...

— Au contraire! Paraît-il que c'est une manière savante contre les morsures de serpents. Cela retire une partie du venin avant qu'il n'entre dans les chairs profondes. Le reste relève de la magie, c'est moi qui te le dis. Je ne comprends pas ce qui est arrivé et je préfère ça. Leur sorcier t'a gardé enfermé dans sa case pendant toute une journée et toute une nuit. La guérisseuse est venue le rejoindre. Elle t'a fait boire une tisane, puis ils ont fait tout un charivari qui a duré des heures. Toujours est-il que, le lendemain, ta fièvre avait beaucoup baissé. Tu es resté inconscient depuis, alors nous t'avons ramené sur une civière.

— Mais alors, Salambo m'a sauvé la vie?

— Oui! et au risque de la sienne, a dit Sebastian Trenchard. Car ce qu'il a fait pouvait être dangereux pour sa propre santé. Et puis, il t'a ramené au village sur son dos, alors que la nuit tombait.

— Salambo, mon ami, j'ai douté de toi. Mais où sommes-nous maintenant ?

— En route pour Principe ou Sao Tomé, en vue du rafraîchissement : la cargaison est complétée et nous allons mettre en radoub pour nettoyer la carène, calfater, nous avitailler et permettre aux nègres de se délasser et de prendre des forces. Il faut mettre à neuf, de la carlingue à la pomme de grand mât, avant la grande traversée.

— Alors, je ne reverrai pas Salambo. Je ne pourrai même pas le remercier de ce qu'il a fait. Il ne m'a pas que sauvé la vie, Simon, il m'a ouvert les yeux. J'ai besoin de ses idées et de ses mots pour comprendre davantage et pour faire comprendre aux autres, car je n'ai pas son intelligence.

— La fièvre t'a troublé l'esprit. Tu envies la raison d'un sauvage !

— Ce n'est pas un sauvage ! Il est seulement différent de nous. Il est nègre, nous sommes blancs : voilà la seule différence. Nos coutumes et nos traditions ne sont pas les mêmes, mais elles ont la même valeur pour chacun de nous. Ne vois-tu pas ? Prends les Français, par exemple. Ne sont-ils pas presque aussi différents de nous que pouvaient l'être les Dahomeys ?...

— Certes ! Et je n'ai pas une bien haute opinion de nos voisins du continent non plus. Quant à moi, ce sont aussi des sauvages! s'esclaffe Simon.

— Oh! il n'y a rien à faire avec toi. Non, c'est plutôt moi qui ne suis pas assez aguerri pour te convaincre. Ah! Si seulement Salambo…

— Eh bien! ton Salambo, tu auras l'occasion d'en prendre de nouvelles leçons si ça te travaille tellement, car il est à bord, comme tous ceux qui nous étaient affectés à Aradas. Ils l'ignoraient, mais ils étaient d'avance réservés pour notre chargement: laissés en indemnité à la demande du roi par leurs familles ruinées, m'a-t-on dit.

— Quoi, Salambo! Esclave? »

Malgré ma faiblesse, je saisis Simon au collet. Il tente doucement de se défaire de moi en se reculant, mais je me sers de son mouvement pour me redresser et me retrouve assis sur le grabat, le regard perdu.

«Salambo, non!

— Pauvre Robin! recouche-toi. Je dois retourner sur le pont. Il faut te reposer davantage, ajoute-t-il en sortant, le poison t'a laissé un grain de folie. »

Je me lève péniblement. La porte est restée ouverte. Je m'en approche et m'appuie au chambranle.

Le spectacle est ahurissant. Plus de trois cents naturels de toute la côte de Guinée sont assis sur le pont, enchaînés par groupes de quinze ou vingt. L'orchestre du bord tente de les égayer. Quelques-uns se balancent doucement au rythme de la musique, mais tous ont le regard fixé sur la côte défilant sous leurs yeux, à l'inverse de la course du *Pride*, qui les éloigne inexorablement de chez eux.

Près de la rambarde, debout et aussi près du bastingage que ses chaînes le lui permettent, un jeune nègre d'à peu près mon âge, vêtu d'une robe rouge et d'une blouse blanche, attache lui aussi ses regards à la côte, cette côte de Guinée où il a vu le jour, où il a grandi et qu'il ne reverra plus jamais.

Mais je ne le distingue plus très bien, car mes yeux se sont remplis de larmes.

Salambo est bel et bien du lot de bois d'ébène que nous convoierons jusqu'au Nouveau Monde. Il s'est passé deux autres jours avant que je puisse me tenir debout et marcher. Je suis allé le rejoindre sur le pont après le souper. Il m'a confirmé les difficultés auxquelles sa famille faisait face avec son commerce. Mais c'est un coup de tête du roi Agadja qui a fait la différence. Ce n'est pas l'usage de mettre en esclavage les membres d'une grande famille, même endettée. Mais pour plaire à notre capitaine, et lui permettre de repartir au plus tôt, on n'a pas attendu un important contingent d'esclaves ennemis qui s'était mis en retard. Plusieurs citoyens fidèles au roi se sont retrouvés dans la même position que Salambo.

« Crois-moi, m'a-t-il dit, Agadja n'en retirera rien de bon. Jusqu'à maintenant, malgré son intransigeance, il s'était toujours montré juste et redevable à ceux qui l'avaient aidé à se retrouver où il est. Aujourd'hui, il a commis une grave erreur, celle de tromper la confiance de ses sujets les plus méritoires.

— Tout cela n'est que politique. Ce que je comprends, c'est que tu ne mérites pas ton sort. Et je ne laisserai pas commettre cette injustice. Je me suis trompé une fois, par mon inaction, et cela a coûté la mort de quelqu'un. Ça ne se reproduira pas !

— Qu'y peux-tu, Robin ? Tu n'es qu'un mousse, au service du plus grand des négriers que ton pays ait connu.

— Je trouverai bien ! m'écrié-je. Je ne suis pas qu'un mousse. Je suis Robin Rowley, citoyen de Bristol et marin de droit ! Je t'en fais le serment, Salambo, d'homme à homme, je te sauverai de ton sort, crois-moi. »

Nous nous sommes regardés longuement dans les yeux et j'ai vu le changement dans ceux de mon ami. Le doute et l'incrédulité y ont lentement fait place à la confiance. Puis il m'a souri et a murmuré : «Je te crois, Robin, mon ami», avant que nous tombions dans les bras l'un de l'autre.

FIN

À suivre

Oui, car l'histoire de Robin se poursuivra dans un deuxième livre, à venir. Il racontera la traversée de l'Atlantique, ce périlleux voyage du navire négrier que des historiens ont appelé « le passage » – d'abord à cause de sa cargaison, le noir bois d'ébène, mais aussi à cause du sort funeste que les dangers de la mer et les maladies réservaient à bon nombre de ceux qui se trouvaient à son bord. Mais il racontera aussi l'arrivée aux îles de la mer Caraïbe et le triste sort réservé aux esclaves dans ces pays du Nouveau Monde.

Alors, sera-ce vraiment l'histoire de Robin, petit brigand de Bristol à qui la vie à bord et les voyages ont révélé son âme, ou de plus en plus celle de Salambo, victime du mauvais jugement de ses semblables et des préjugés des Blancs qui, eux, lui refusent son âme ?…

LEXIQUE

Adja : Titre local donné au roi de Dahomey.

Baille : Chacun des deux récipients fabriqués, avec les moyens du bord, en sciant une barrique transversalement.

Balles ramées : Grosses balles réunies en chapelet par une chaînette. Chargées dans les canons à la place des boulets, elles servent à faire du dégât chez l'ennemi à la manière d'un énorme fusil.

Baracon : Hutte à deux étages où sont entassés les esclaves avant leur embarquement.

Bitte (ou bitte d'amarrage)**:** Cylindre de bois ou de métal, fixé verticalement au quai ou sur le pont d'un navire pour y enrouler les amarres qui retiennent le navire.

Branle : Ancien nom donné au hamac.

Cabécère : Courtier local (résident blanc, dans les comptoirs européens) facilitant les modalités du commerce entre l'acheteur étranger et les différents vendeurs locaux.

Calfat : Ouvrier spécialisé dans le maintien de l'étanchéité de la coque et du pont.

Cambuse : Magasin où l'on conserve les vivres et le vin.

Chacha : Principal agent du roi et surveillant de ses intérêts en matière de commerce. C'est lui qui donne son consentement à toute transaction et il a le pouvoir de changer les prix dans certaines circonstances.

Chicote : Nom que l'on donne, en Afrique, aux fouets ou verges de toutes sortes et fabriqués de divers matériaux.

Coq : Cuisinier de l'équipage ; celui du capitaine s'appelle le «maître queux» et il fait aussi office de commissaire (responsable des vivres).

De Foe, Daniel**:** Aventurier et commerçant anglais, il se rendit célèbre de son vivant en publiant *La vie et les étranges aventures de Robinson Crusoé*, roman inspiré par l'histoire vraie d'Alexander Selkirk, marin écossais abandonné pendant cinq ans sur une île déserte. Dans le roman, Robinson y vit pendant vingt-huit ans avant de regagner sa patrie.

Débouquer : Sortir d'une embouchure vers la haute mer. Le contraire se dit « embouquer ».

Débourrer : Terme autrefois utilisé pour « donner les notions de base ». Aujourd'hui, on ne débourre plus que les chevaux sauvages, pour leur donner un premier dressage.

Eau-forte : Mélange d'acide nitrique et d'eau.

Ébène : Bois précieux de couleur noire.

Factorerie : Lieu d'entreposage des esclaves et de leur monnaie d'échange. Il était sous la responsabilité d'un cabécère blanc, lui-même sous l'autorité du gouverneur du fort (comptoir).

Fétiche : Être vivant ou objet, comme dans ce cas, associé à un dieu et auquel on prête des pouvoirs magiques.

Fièvre des marais (ou fièvre) **:** Paludisme.

Fluxion de poitrine : Pneumonie.

«Flying» Ely : Éléazar «qui vole», comme un oiseau, comme un acrobate.

Frégate : Bâtiment de guerre de trois mâts, à une seule batterie.

Gabier : Matelot préposé aux voiles et au gréement.

Hydropisie : Pleurésie.

Indes occidentales : Nom d'abord donné par Christophe Colomb à l'Amérique parce qu'il croyait avoir atteint l'Asie en y débarquant. L'habitude fit qu'on conserva longtemps ce nom.

«Jemmy» Jack : Jack «la pince».

Jusant : Marée descendante ou reflux, comme on dit aujourd'hui, par opposition au «flot», qui est la marée montante ou flux.

«Leaking» Robin : Robin «qui fuit», qui coule, comme un robinet qui goutte.

Luke le «Duke» : Luc le «Duc».

Mal caduc : Épilepsie.

Mal de Siam : On appelait ainsi le choléra.

Maniguette (ou poivre maniguette) **:** Graine de l'amome, au goût poivré. Ses graines sont moins estimées que celles des poivres d'Inde ou de Mozambique, mais elles sont moins coûteuses et trouvent facilement preneur.

Manœuvre : Filin, « fixe » ou « courant », qui sert à la navigation proprement dite. Les manœuvres fixes (étais, haubans) retiennent les mâts en place, tandis qu'avec les manœuvres courantes on manie les vergues et les voiles.

Mesures :
La *brasse* anglaise = 6 pieds = 1,83 m.
L'*encablure* = 120 brasses.
La *lieue* marine = 3 milles marins.
Le *mille* marin = 1 minute de longitude
    = 6000 pieds = 1853 m.

Morne : Nom donné par les marins aux collines, basses ou hautes, qui leur servaient souvent de point de repère.

Nager : Signifie « ramer », dans le langage maritime.

Oba : Titre local donné au roi de Bénin.

Pavois : Surface intérieure de la rambarde qui ceinture le pont du navire ; il est couronné d'un gros rebord de bois qu'on appelle la « lisse ».

Petite vérole : Variole.

Pian : Bactérie parasitaire qui vit dans l'eau douce des pays tropicaux.

Pièce d'Inde : Terme hérité des premiers temps de la traite des Noirs. C'était le prix d'un esclave d'excellente qualité qui égalait le prix d'une authentique pièce d'étoffe indienne. Au temps de Robin, une pièce d'Inde correspond au prix d'un esclave mâle, âgé de 15 à 35 ans, sans aucun défaut, ayant toutes ses dents, tous ses doigts et tous ses cheveux, robuste et en bonne santé. C'est aussi la valeur de deux femmes noires, d'une femme noire avec un enfant de 3 à 7 ans ou de deux enfants du même âge ; alors que trois enfants, de 8 à 15 ans, valent deux pièces d'Inde...

Pontin : Par opposition au gabier, matelot dont les tâches sont surtout remplies sur les ponts du navire.

Ralingue : Cordage fixé le long des bords d'une voile pour la renforcer.

Rampants : Les marins nomment ainsi ceux qui passent leur vie à terre.

Sainte-barbe : Magasin à poudre et autre matériel d'artillerie.

Senau : Navire marchand à deux mâts et voiles carrées.

Spasme : Tétanos.

« Spitting » Mark : Marc le « cracheur ».

« Stew » : diminutif de Stewart, veut aussi dire « ragoût », en anglais.

Tafia : Rhum industriel fabriqué à partir de mélasse. Un rhum plus fin, de meilleure qualité, est distillé à partir du jus de canne. C'est le rhum «agricole».

Yevogan : Aussi appelé «capitaine des Blancs», car il était le vice-roi affecté au commerce avec les Blancs.

BIBLIOGRAPHIE

*La traite des Noirs au siècle des lumières
(Témoignages de négriers).* Présenta-
tion par Isabelle et Jean-Louis Vissière.
Publié avec le concours du Centre Natio-
nal des Lettres. Paris, Éd. A.M. Métaillé,
1982. 177 p.

*Journal de la traite des Noirs; Dam Joulin,
Charles le Breton la Vallée, Garneray,
Mérimée...* Présenté et commenté par

214

Jehan Mousnier. Paris, Éd. de Paris, 1957. 287 p.

ÉTUDES DOCUMENTAIRES ET SPÉCIALISÉES :

ARNOLD, Rosemary. «Ouidah : Port de commerce sur la côte de Guinée» et «Séparation du commerce et du marché : le grand marché d'Ouidah». *In* POLANYI, Karl et Conrad ARENSBERG. *Les systèmes économiques dans l'histoire et dans la théorie.* Larousse Université, série anthropologie, sciences humaines et sociales. Paris, Larousse, 1975. 348 p.

CORNEVIN, Robert. *Histoire de l'Afrique.* Tome 2 : « L'Afrique précoloniale : 1500 – 1900 ». Paris, Payot, 1966. 638 p.

CRÉTÉ, Liliane. *La traite des nègres sous l'Ancien Régime. Le nègre, le sucre et la toile.* Collab. de Patricia Crété. Paris, Librairie Académique Perrin, 1989. 327 p.

DAGET, Serge. *La traite des Noirs. Bastilles négrières et velléités abolitionnistes.* Évreux, Éd. Ouest-France Université, 1990. 299 p.

DESCHAMPS, Hubert. *Histoire de la traite des Noirs de l'Antiquité à nos jours.* L'histoire sans frontières. Paris, Fayard, 1971. 330 p.

Grande-Bretagne. Encyclopédie de voyage
   Nagel. Genève, Nagel, 1978 (1953).
   1280 p.

LANDSTRÖM, Björn. *Histoire du voilier. Du
   bateau en papyrus au trois mâts gréé
   carré*. Paris, Albin Michel, 1968 (1961).
   190 p.

MACINTYRE, Donald. *L'aventure de la voile
   1520 – 1914*. Paris, Albin Michel, 1970.
   258 p.

MARTIN, Claude. *The Rainforests of West
   Africa. Ecology – Threats – Conserva-
   tion*. Basel (Suisse), Birkhäuser Verlag,
   1991. 235 p.

MEYER, Jacques. *Esclaves et négriers*.
   Découvertes Gallimard, Histoire. Paris,
   Gallimard, 1986. 176 p.

PLUCHON, Pierre. *La route des esclaves.
   Négriers et bois d'ébène au XVIIIe siècle*.
   Paris, Hachette, 1980. 310 p.

POPE-HENNESSY, James. *La traite des Noirs
   dans l'Atlantique 1441 – 1807*. Paris,
   Fayard, 1969 (1967). 302 p.

SOMMAIRE

JEAN-MICHEL

SCHEMBRÉ

Jean-Michel Schembré a voulu faire tous les métiers. Aussi ne pouvait-il laisser passer celui d'écrivain sans en tâter. S'il a beaucoup attendu avant de s'y adonner, le plaisir d'écrire semble cependant l'avoir pris dans ses filets pour longtemps…

Bachelier en histoire et, un temps, chercheur, son expertise, son amour de la langue et son goût pour la communication l'ont naturellement mené à l'écriture de romans historiques.

L'exotisme du passé le fascine, mais c'est le présent qui le préoccupe. Ainsi, insiste-t-il surtout pour montrer qu'au fil des siècles et au travers des différences dans les conditions de vie et dans les mentalités, si la perception du monde a changé, la nature humaine, elle, est restée la même.

Ses thèmes récurrents? La marginalité et le choix moral qu'elle force chacun à faire : celui de la tolérance versus celui de l'intolérance. Ce qu'il préfère? Conséquemment : Sortir des sentiers battus, pour découvrir de nouveaux points de vue et battre en brèche les fausses conceptions sur le passé… et sur le présent.

Collection Conquêtes